덩샤오핑

개혁개방의 총설계사

차례
Contents

승천하는 중국과 덩샤오핑

번신물망모택동飜身勿忘毛澤東
치부물망등소평致富勿忘鄧小平

번신은 몸을 뒤집는다는 말로 신분이 바뀐 것을 뜻한다. 치부는 돈을 버는 것이다. 신분이 바뀐 것은 마오쩌둥 덕이니 마오쩌둥을 잊어서는 안 되고, 잘살게 된 것은 덩샤오핑 덕이니 덩샤오핑을 잊어서는 안 된다는 말이다. 즉 마오쩌둥이 인민을 신분의 굴레에서 벗어나게(정치적 해방) 했고, 덩샤오핑이 인민을 먹고살게(경제적 해방) 했다는 말이다. 오늘의 중국을 있게 한 두 영웅의 업적을 한마디로 압축한 말이다.

마오쩌둥은 구질서를 깨뜨리고 신중국을 열었다. 덩샤오핑은 그 바탕 위에 중국 경제를 일으켜 세웠다. 그래서 중국 역사가들은 마오를 '파破의 지도자', 덩을 '입立의 지도자'라고 부른다. 깨뜨린 이후에야 세울 수 있다. 파와 입은 마오와 덩의 관계를 그 어떤 단어보다 더 잘 설명해 준다.

'입의 지도자' 덩샤오핑이 사망한 지 10년이 지났다. 사망 당시 그의 유해는 화장돼 바다에 뿌려졌다. 홍콩반환을 꼭 보고 싶다던 그는 그 꿈을 이루지 못하고 1997년 2월 19일에 사망했다. 그해 7월 1일 홍콩은 중국에 반환됐다.

그의 유해는 한 줌 재로 변했지만 그의 정신은 계속되고 있다. 그가 '개혁개방'이라는 유훈으로 지금도 중국 대륙을 통치하고 있다고 해도 과언이 아니다.

중국은 덩샤오핑 사후 10년간 눈부신 경제성장을 달성했다. 1997년 중국의 국내총생산(GDP)은 9700억 달러였다. 2006년 중국의 GDP는 2조7000억 달러로 독일을 제치고 미국 일본에 이어 세계 3위의 경제대국이 됐다. 무역액도 3251억 달러에서 1조7607억 달러로 늘어 미국, 독일에 이어 세계 3위의 무역대국이 됐다. 외환보유액은 1399억 달러에서 1조 663억 달러로 7배가량 늘었다. 중국은 사상 최초로 외환보유액 1조 달러를 돌파해 세계 외환보유액의 20%를 차지하는 세계 최대의 외환보유국이 됐다. GDP, 외환보유액, 무역액이 모두 1조 달러를 넘어선 나라는 지구상에 중국밖에 없다. 일본은 GDP와 무역액이 1조 달러를 넘지만 외환보유액은 9000억 달러에 머물고 있다.

중국의 성장은 여기서 그치지 않는다. 중국은 매년 10% 내외의 성장세를 지속하며 각종 기록을 갈아 치우고 있다. 외국인직접투자(FDI) 부문에서 2005년 미국을 제치는 등 경제 각 분야에서 미국을 맹렬히 추격하고 있다.

세계 최고의 투자은행인 골드만삭스Goldman Sachs는 중국이 현재의 발전 속도를 유지할 경우, 2040년이면 미국을 제치고 세계 최대 경제국이 될 것이라고 전망하고 있다. 실질 구매력을 기준으로 하면 2020년을 전후해 중국이 미국을 꺾고 세계 최대 경제국이 될 전망이다. 실질 구매력 기준(PPPI, Purchasing Power Parity Index)은 실질적으로 재화를 구매할 수 있는 능력을 기준으로 경제규모를 평가한 것으로 중국의 1인당 국민소득이 미국에 비해 적지만 물가도 그만큼 싸기 때문에 구할 수 있는 재화의 양은 상대적으로 많다. 세계은행에 따르면 2006년 1월 현재 구매력 기준 GDP는 미국이 12조4000억 달러로 1위, 중국이 8조5000억 달러로 2위, 일본이 3조9000억 달러로 3위, 인도가 3조8000억 달러로 4위다.

이러한 중국의 급부상은 세계를 놀라게 하고 있다. 세계 경제 올림픽이라고 할 수 있는 다보스 포럼의 2006년 주제가 '친디아Chindia(China+India)의 부상'이었다. 2006년 1월 25일부터 5일간 열린 다보스 포럼에서 참석자들은 중국과 인도의 부상에 대해 열띤 토론을 벌였다. 최근 급부상한 인도가 스포트라이트를 받았다. 인도는 3명의 각료를 비롯해 115명의 기업인들을 다보스에 파견해 국가별로는 가장 큰 비중을 차지했다. 인도가 이처럼 다보스 포럼에 대규모 경제 사절단을 보낸 것은 세계 정·재계의 실력자들을 상대로 인도 경제의 잠재력을 알려 대규모 FDI를 유치하기 위해서였다. 다보스에서 일종의 '바이 인디아Buy India' 캠페인을 벌인 셈이다. 외신들은 인도가 경제적 자신감을 대외에 과시하는 '성년 파티'를 열었다고 표현했다.

중국은 인도와 달리 다보스 포럼에 적극적이지 않다. 이미 FDI가 넘치는데다 다보스 포럼 일정이 중국의 설날인 '춘절春節'과 비슷하기 때문이다. 다보스 포럼은 매년 1월 말 2월 초에 세계적 스키 리조트인 스위스 다보스에서 열린다. 2006년 춘절은 1월 29일로 역시 다보스 포럼 마지막 날과 겹쳤다. 중국은 기자단을 포함해 30명만 다보스 포럼에 참석했다. 이에 비해 세계의 경영자들은 중국의 정·재계 실력자들을 만나보고 싶어 한다. 이에 따라 다보스 포럼 주최 측은 겨울에는 다보스에서 총회를 열고, 여름에는 중국에서 또 다른 총회를 개최하는 방법을 고안해 냈다. '동계 경제 올림픽'을 다보스에서, '하계 경제 올림픽'을 중국에서 개최하겠다는 것이다. 2007년 하계 경제 올림픽은 중국 다롄(大連)에서 개최됐다. 결국 중국의 힘이 다보스 포럼을 아시아로 끌어온 것이다.

개혁개방이 아니었던들 중국이 이처럼 세계경제의 지형을 바꾸어 놓지는 못했을 것이다. 개혁개방은 '대내개혁 대외개방'을 줄인 말로 중국 경제개혁의 상징이다. 개혁개방을 설파해 오늘의 중국이 있게 한 장본인이 바로 덩샤오핑이다.

흑묘백묘론과 선부론

1978년 덩샤오핑은 정권을 잡자마자 검은 고양이든 흰 고양이든 쥐만 잘 잡으면 된다는 '흑묘백묘론黑猫白猫論'과 아랫목이 따뜻해지면 윗목도 자연스럽게 따뜻해진다는 '선부론先富論'을 설파하며 개혁개방에 시동을 걸었다.

덩샤오핑은 아주 쉬운 말로 인민을 설득하는 능력이 탁월했다. 자본주의냐 사회주의냐 하는 논쟁을 흰 고양이든 검은 고양이든 쥐만 잘 잡으면 된다는 말로 잠재웠고, 성장이냐 분배냐의 논쟁은 먼저 돈을 벌어야 한다는 선부론으로 돌파했다.

선부론은 부자가 돼야 나누어 줄 것이 생기기 때문에 우선 돈을 벌어야 한다는 이론이다. 분배보다는 성장이 우선이라는 논리다. 지역적으로는 동남연해를 먼저 개발하면 자연스럽게 내륙 지방도 발전한다는 이론이다.

덩은 1979년 광둥(廣東)성의 선전(深圳), 주하이(珠海), 산터우(汕頭)와 푸지엔(福建)성의 샤먼(廈門)에 4대 경제특구를 설치하고 발전의 불씨를 당겼다. 2006년 광둥성의 수출액은 3200억 달러를 기록했다. 이는 한국의 수출액과 같은 것이다. 한 성의 수출액이 세계 10대 무역대국인 한국과 같은 것이다.

광둥성은 개혁개방의 전초기지로 중국 전체 무역의 3분의 1을 차지하고 있다. 값싼 인력과 잘 갖춰진 인프라로 세계적 기업들이 광둥성을 제조 기지로 삼고 있다. 광둥성은 '중국 산업혁명'의 진원지인 셈이다. 광둥성의 개발 열기는 상하이(上海)를 끼고 있는 양자강삼각주를 거쳐 이제는 베이징(北京), 톈진(天津) 등 발해만권으로 북상하고 있다.

흑묘백묘론

덩샤오핑 개혁개방 사상의 캐치프레이즈가 '흑묘백묘론'과 '선부론'이다. 흑묘백묘론은 '흑묘백묘 주노서 취시호묘黑猫白猫 住老鼠 就是好猫'의 줄임말이다. 검은 고양이든 흰 고양이든 쥐를 잘 잡으면 좋은 고양이라는 말이다. 즉 고양이 빛깔이 어떻든 고양이는 쥐만 잘 잡으면 되듯이, 자본주의든 공산주의든 상관없이 중국 인민을 잘 살게 하면 그것이 제일이라는 뜻이다.

원래 흑묘백묘는 덩샤오핑의 고향인 중국 쓰촨(四川)성의 흑묘황묘黑猫黃猫에서 유래한 용어다. 흑묘황묘는 검은 고양이든 황색 고양이든 쥐만 잘 잡으면 된다는 쓰촨성의 속담이다.

덩샤오핑이 흑묘백묘론을 처음 언급한 때는 1962년이다. 1958년 마오쩌둥(毛澤東)이 주도한 대약진운동은 중국에 커다란 재앙을 가져다주었다. 대약진운동은 생산력을 획기적으로 개선하기 위해 자본주의적 시장경제가 아닌 사회주의적 노력 동원 등을 도입하는 방식으로 무리하게 추진됐다. 이로 인해 자원배분의 왜곡과 가뭄 등이 겹치면서 3000만 명이 아사하는 참극이 빚어졌다.

덩은 대약진운동의 후유증을 치유하기 위해 1962년 공산당 중앙서기처 회의석상에서 흑묘백묘론을 처음으로 제시했다. 그는 흑묘백묘의 예를 들며 자본주의적인 이윤동기를 동원해 생산력을 증대시키는 것이 급선무라고 주장했다. 경제개발을 최우선 과제로 삼은 덩샤오핑에게 체제는 문제가 아니었다. 그는 공산당 정권만 유지할 수 있다면 그 체제가 사회주의든 자본주의든 상관하지 않았다. 마치 한국의 박정희 대통령, 싱가포르의 리콴유(李光耀) 전 총리의 개발독재론과 비슷한 발상이다.

덩의 흑묘백묘론은 곧 마오쩌둥의 미움과 질시를 받게 되고, 1966년 문화혁명이 발발하자 처절한 보복을 당한다. 문화혁명은 대약진운동의 실패로 마오쩌둥의 입지가 현격히 약화되자 마오쩌둥이 문화혁명이라는 미명하에 홍위병을 동원해 권력을 탈취한 사건이다. 문혁 당시 지식인과 자본주의적 관료들은 대거 하방下放(정신개조를 위해 농촌 등 육체노동 현장으로 보냄)당했다. 당시 덩과 류샤오치(劉少奇) 국가주석은 주자파走資派(자본주의 노선을 추구하는 당내 실권파)로 몰려 실각했다.

그러나 1978년 덩샤오핑이 복권되자 다시 흑묘백묘론은 부활했다. 덩은 정권을 잡자마자 흑묘백묘론과 선부론을 외치며 개혁개방에 시동을 걸었다.

흑묘백묘론이 세계에 알려진 계기는 1979년 덩샤오핑이 집권 후 첫 미국 나들이를 하고 미국과 공식 수교를 텄을 때다. 이때 덩샤오핑은 검은 고양이 흰 고양이의 예를 들며 경제에 자본주의적 요소를 도입할 것을 전 세계에 천명했다. 이후 흑묘백묘론은 'Black cat, White cat Theory'로 번역되며 세계적으로 유명해졌다.

선부론

선부론은 '일부 사람을 먼저 부유하게 하라(讓一部分人先富起來)'의 준말이다. 부자가 될 수 있는 사람을 먼저 부자가 되게 하라는 의미다. 지역적으로는 대외무역이 쉬운 동남연해를 개발한 뒤 내륙지역으로 개발의 훈기를 불어넣겠다는 뜻이다.

선부론은 평균주의가 아닌 엘리트주의를 상징하는 말이다. 문화혁명을 주도한 마오쩌둥이 평균주의를 제창했다면 개혁개방을 단행한 덩샤오핑은 엘리트주의를 지향했다. 덩샤오핑이 집권 후 맨 먼저 한 일 중 하나가 대학입시를 부활시킨 것이다. 문화혁명 시기에는 당성이 좋은 학생들이 대학에 진학했다. 당성을 강조했기 때문에 학력은 하향평준화 돼 학생들의 학력수준이 크게 떨어져 있었다. 덩샤오핑은 중국을 발전시키기 위해서는 무엇보다 인재가 필요하고, 인재를 키우기 위해서는 엘리트주의를 추구할 수밖에 없다고 생각했다. 그는 1977년 전격적으로 대학입시를 부활시켰다. 78학번부터는 입시경쟁을 치르고 대학에 입학한 세대들이다. 이제 막 50줄에 접어든 이들은 중국 사회 각 분야에서 중추적 역할을 하며, 개혁개방호를 이끌어 가고 있다.

덩의 선부론 또한 보기 좋게 맞아 떨어지고 있다. 주강삼각주, 양자강삼각주, 발해만권 등 중국의 동남연해는 이미 발전궤도에 진입했다. 상하이의 1인당 국민소득은 7000달러를 넘어섰고, 2010년에는 1만 달러를 돌파할 전망이다. 이제 동남연해의 발전 바람이 내륙으로 스며들고 있다. 쓰촨성, 후난(湖南)성, 안후이(安徽)성, 간쑤(甘肅)성 등 내륙 지역도 발전도상에 올랐다. 세계적 다국적 기업들은 동남연해가 급속하게 발전해 인건비와 지가가 급상승하자 상대적으로 인건비와 지가가 저렴하고 인프라도 비교적 잘 갖춰진 내륙지역에 제2공장을 앞다투어 짓고 있다. 특히 물류가 필요 없는 연구개발(R&D) 센터가 내륙지역에 우후죽순 격으로 들어서고 있다.

중국의 해안지역, 특히 주강과 양자강 삼각주는 급성장에 따른 후유증에 시달리고 있다. 상하이에선 임금 및 지가 상승속도가 가팔라 상업지구 임대료가 최근 3년간 거의 40% 올랐고, 공업지구는 이용 가능한 땅이 거의 없는 실정이다. 임금도 많이 올랐지만 인력난은 더욱 심각하다. 중국 정부가 도농격차를 줄이기 위해 농촌에 다양한 세제 혜택을 제공하면서 농촌에서 도시로 이주하는 노동자가 크게 줄었기 때문이다. 게다가 급격한 경제개발로 동남연해의 환경이 급속히 악화돼 이 지역 정부가 환경 관련 기준을 대폭 강화하자 오염 배출 업체는 속속 내륙으로 공장을 옮기고 있다. 내륙 지방은 아직까지는 발전이 덜 됐기 때문에 지역의 경제 성장을 위해 공해 배출업소도 마다하지 않고 받아주고 있다. 실제로 2005년 중국 중부 및 서부 지역에 대한 외국인 투자는 7% 증가한 데 비해 동부 지역의 투자는 2% 상승하는 데 그쳤다.

또 내륙지방의 인프라가 크게 개선되면서 서부로 공장을 옮기는 것이 과거보다 훨씬 쉬워졌다. 중국은 정권 유지 차원에서라도 내륙 개발을 서두르고 있다. 중국 공산당은 내륙지역의 반발을 우려해 부유한 해안 도시와 소득 격차를 줄이는 대대적인 캠페인을 벌이고 있다. 후진타오(胡錦濤) 정권은 집권과 함께 '서부 대개발' 프로젝트를 마련하고, 내륙 개발에 박차를 가하고 있다. 특히 다리 및 고속도로, 발전소 건설에 수십억 달러를 투입하는 등 인프라 개선에 심혈을 기울이고 있다. 이로 인해 내륙지방은 인프라가 크게 개선되고 있다. 내륙지방이 무엇보다 좋은 것은 이직률이 0%에 가깝다는 점이다. 광둥성의 경우, 노동자의 이직률이 40%나 된다. 광둥성은 경제발전으로 사회가 다양해져 노동자들이 선택할 폭이 넓어

졌기 때문에 이직이 잦다. 그러나 내륙은 아직까지는 선택의 폭이 제한적이다. 특히 R&D 센터는 각광을 받고 있다. R&D 는 제품을 운송할 필요가 없기 때문이다. 제조업체는 수출을 위해 동남연해 지역을 선호하지만 R&D 센터는 그럴 필요가 없다. 2001년 모토로라는 임금이 저렴할 뿐만 아니라 지역 명문대 출신의 엔지니어를 고용할 수 있는 쓰촨성의 성도 청두(成都)에 R&D 센터를 설치했다. 모토로라 이후로 알카텔, 에릭슨, 노키아, 마이크로소프트 등 세계적 다국적 기업들이 잇따라 청두에 R&D 센터를 설립했다.

2005년 이전 쓰촨성의 GDP는 연간 12.7% 성장했다. 이후에는 16% 이상 급성장하고 있다. 인구 1000만의 청두는 중국 서부 지역에서 가장 부유한 도시가 됐다. 거리엔 아우디와 뷰익 판매상이 즐비하고, 세계적인 명품 루이뷔통과 구찌, 까르띠에가 입점해 있다. 덩샤오핑의 혜안이 돋보이는 대목이다.

중국의 오늘이 있게 한 덩샤오핑의 선부론은 이제 폐기됐다. 지금은 골고루 잘살자는 '균부론均富論'이 선부론을 대신하고 있다. 후진타오 주석은 2005년에 당의 강령을 선부론에서 균부론으로 바꾸었다. 급속한 발전으로 빈부격차가 심해짐에 따라 사회에 위화감이 조성되고 있기 때문이다. 실제로 중국의 지니계수(경제적 불평등 지수)는 미국보다 더 심한 것으로 조사됐다. 2006년 현재 중국의 지니계수는 위험수준인 0.4를 훨씬 상회하는 0.496으로, 이는 미국의 0.48보다 더 높은 수준이다.

빈부격차로 인한 위화감은 공산당 정권을 붕괴시킬 수 있는 폭발력을 가지고 있다. 그래서 중국 공산당은 선부론(먼저 잘살고 보자)에서 균부론(골고루 잘살자)으로 급격히 선회했다. 균부론은 나누어줄 것이 있다는 뜻이다. 성장(선부론)이 아니라 분배(균부론)가 중국 경제의 화두가 될 정도로 중국은 발전한 것이다.

낙관주의자 덩샤오핑

소년 덩샤오핑

중국의 오늘을 있게 한 덩샤오핑은 1904년 8월 22일 쓰촨성의 한 시골마을에서 태어났다. 쓰촨(四川)성은 말 그대로 네개의 하천이 흐르는 성이라는 뜻이다. 수자원이 풍부하기 때문에 중국의 대표적인 곡창지대다. 물산이 풍부해 천국의 땅이란 말인 천부지국天府之國이라고 불린다.

쓰촨성은 또 매운 음식으로 유명하다. 덩샤오핑이 생전에 말했듯이 매운 음식을 잘 먹는 사람들은 성격이 급하고, 성격이 급한 사람은 혁명가적 기질이 강하다. 실제 후난성과 쓰촨성 요리가 맵기로 유명한데, 쓰촨성과 후난성 출신 중 혁명가

15

가 많다. 덩샤오핑과 인민해방군 초대사령관을 지낸 주더(朱德)가 쓰촨성 출신이고, 신중국의 아버지인 마오쩌둥, 류샤오치가 후난성 출신이다.

덩샤오핑은 쓰촨성 광안(廣安)현 파이방(牌坊)촌에서 덩원밍(鄧文明)의 첫째 아들로 태어났다. 덩원밍은 아들의 이름을 선성先聖이라고 지었다. 그러나 다섯 살 때 서당에 들어가자 희현希賢으로 바꾸었다. 아버지가 지어준 선성이라는 이름에 너무 큰 뜻이 담겨 있기 때문이었다. 성은 성인, 즉 공자를 뜻한다. 아버지는 공자를 앞서라는 뜻으로 선성이라고 지었으나 서당 훈장은 중국의 성인인 공자에 대한 모독이라며 현명한 사람을 희망한다는 뜻인 희현으로 이름을 바꾸어주었다.

작은 평화라는 뜻인 소평小平은 그가 중국 공산당에 입당하고 본격적인 활동을 할 때 보안상 별명으로 쓰던 이름이었다. 공산당 활동으로 그를 소평으로 인식하는 사람들이 많았기 때문에 공산 정권 수립 이후에도 그 이름을 계속 썼다. 그는 작은 평화(小平)를 원했지만 중국 전체 인민을 먹고 살게 함으로써 큰 평화(大平)를 이뤘다.

혹자들은 진정한 노벨 평화상 감은 덩샤오핑이라는 말을 하곤 한다. 13억 중국 인민을 먹고살게 했기 때문이다. 만약 중국이 먹고 사는 문제가 해결되지 않았더라면 분명 국제적인 분쟁을 일으켰을 것이란 주장이다. 노벨 평화상은 아니더라도 노벨 경제학상은 줘야했다는 말도 있다. 13억을 먹여 살린 경세가였기 때문이다.

아버지 덩원밍은 파이방촌의 지주였다. 덩샤오핑의 집은 마을에서 가장 컸으며 다수의 하인을 거느리고 있었다. 유년기의 유복한 환경은 덩샤오핑에게 건전한 판단력과 여러 사람과 원만하게 어울릴 수 있는 친화력을 갖게 해 주었으며, 기본적으로 우파적인 가치관을 심어주었다.

특히 부유한 환경은 그를 낙관주의자로 만들었다. 덩이 정치역정 중 모두 세 번이나 실각을 했음에도 그때마다 부활할 수 있었던 것은 특유의 낙관적인 생활태도 때문이었다. 덩은 "나는 낙관주의자다. 만일 내가 낙관주의 정신으로 상황에 대처하지 않았다면 문화혁명 이후 10년의 긴 세월을 견디기 힘들었을 것"이라고 말하기도 했다.

덩샤오핑은 탁월한 사교성으로 중국 공산당 내에 적이 거의 없었다. 그가 사인방(마오쩌둥의 부인 장칭(江靑) 등 문화혁명 당시 4인의 실권파)과 벌인 투쟁에서 결국 승리를 거두고 정권을 잡을 수 있었던 것은 당내에 적이 없었기 때문이다. 정치의 달인인 그는 '친구의 극대화, 적의 극소화'라는 명제를 뼈 속 깊이 체화한 인물이었다.

그는 지주집안 출신이었기 때문에 우파적 경향이 다분했다. 그는 평생 주자파의 상징이었다. 아버지는 수완이 좋은 인물로 후에 광안현의 보안책임자까지 맡았다. 아버지의 지상과제는 출세였고, 출세를 위해서는 수단과 방법을 가리지 않는 실용적인 인간이었다. 덩은 아버지에게서 실용주의와 우파적 성향을 물려받았다.

그는 기본적으로 개혁적이지만 천안문 사건의 무자비한 진압에서 볼 수 있듯 보수적인 측면도 가지고 있다. 보수적인 측면 또한 우파적 성향과 무관치 않다. 그를 특징짓는 우파적이고 보수적인 성향, 친화력, 실용주의, 특유의 낙관론 등은 모두 어렸을 때의 가정환경에서 비롯됐다고 할 수 있다.

근공검학의 시기

고향에서 초등교육을 받은 덩샤오핑은 고등교육을 받기 위해 쓰촨성의 최대도시인 충칭(重慶)에 유학했다. 그러던 중 그는 그의 일생을 좌우하는 근공검학勤工儉學을 만나게 된다. 근공검학은 근면하게 일하고 검약해서 공부한다는 뜻이다. 즉 낮에는 일하고 밤에 공부하는 주경야독을 의미한다. 요즘말로 치면 일하면서 여행을 하는 워킹 홀리데이(working holiday)와 비슷한 개념이다. 일하면서 견문을 넓힌다는 점에서 근공검학과 워킹 홀리데이는 일맥상통한다.

근공검학은 1차 대전 직후 노동력이 부족했던 프랑스와 서구 문물을 배우려는 중국의 이해관계가 맞아 떨어져 생긴 것이다. 당시 중국의 인재들이 대거 프랑스로 떠났다. 이후 그들은 중국 혁명의 수뇌부가 된다.

그 근공검학단勤工儉學團에 키 150센티미터, 나이 열여섯 살에 불과한 덩샤오핑도 끼어 있었다. 그가 '중국 혁명'이라는 열차에 타는 순간이었다. 그는 1920년 상하이에서 마르세유로

가는 배에 몸을 싣고 프랑스로 향했다. 그는 근공검학단에서 가장 나이가 어렸고, 아마 키도 가장 작았을 것이다. 그의 키는 나폴레옹보다 작았다.

부르주아 혁명이 가장 빨리 일어난 프랑스는 당시 유럽의 지도국이었으며 자유의 상징이었다. 따라서 사회주의, 자유주의, 공산주의, 무정부주의 등 온갖 사조가 꽃을 피웠다. 그야말로 백화제방이었다. 덩샤오핑은 이 같은 분위기 속에서 서구의 신사조, 특히 사회주의에 눈을 떴다.

1919년부터 1920년 사이에 근공검학을 이유로 프랑스로 향한 사람들은 모두 1500명에 달했으며, 이들 중 일부는 향후 중국 공산당의 최상층 지도부에 진입한다. '영원한 총리' 저우언라이(周恩來), 초대 상하이 시장을 지낸 천이(陳毅), 10대 원수 중 하나였던 녜룽전(聶榮臻), 중국 공산당 총서기를 역임했던 리리산(李立三) 등이 그들이다.

1970~1980년대 파리 중국 대사관의 가장 큰 임무 중 하나가 크루아상을 조달하는 것이었다는 '루머'가 있다. 중국 지도부에 프랑스에서 유학한 근공검학 출신이 많았기 때문이다. 프랑스에서 청소년기를 보낸 그들에게는 크루아상이 주식이었다. 어린 시절의 입맛은 평생을 좌우한다. 당시 프랑스로 출장을 가는 정부 관료는 선물을 하는데 걱정을 하지 않았다고 한다. 크루아상을 많이 사와 원로 혁명가들에게 나누어 주면 가장 좋아했기 때문이다. 덩샤오핑도 크루아상을 아주 좋아했다. 그의 이 같은 취향은 문화혁명 당시 부르주아라는 비판의

빌미를 제공하기도 했다.

근공검학단은 당초 취지와는 달리 공부보다는 노동에 얽매여야 했다. 프랑스가 중국 청년들을 받아들인 것은 그들의 교육을 위해서가 아니라 부족한 노동력을 보충하기 위해서였다. 외국에서 일하는 노동자들은 온갖 착취와 압박, 설움을 겪어야 한다. 덩샤오핑도 고무신을 만드는 공장, 르노자동차 공장 등지에서 비숙련 노동자로 일했다. 그는 이곳에서 노동운동에 눈을 떴고, 사회주의 사상을 배웠다. 그는 선진문물을 학습하기 위해 프랑스에 갔으나 결국 노동자의 조직, 교육 등을 배워 혁명가가 됐다.

1924년 그는 중국 공산주의 청년동맹 유럽지부의 회원으로 가입하고 기관지인 적광赤光(붉은 태양) 편집에 동참하면서 본격적으로 공산주의자의 길로 들어섰다. 당시 적광의 편집장이 저우언라이였다.

저우언라이를 만나다

덩샤오핑의 근공검학 시절 가장 중요한 것은 향후 자신의 정치인생에 절대적인 후견인이 되는 저우언라이를 만난 것이다. 저우언라이는 장쑤(江蘇)성 화이안(淮安) 출신으로 중국 공산 정권 수립 후 27년간 총리를 지내 '영원한 총리'로 불린다. 검소하고 사심 없는 정치활동으로 모든 중국인의 사랑과 존경을 한 몸에 받고 있다. 저우언라이는 덩샤오핑보다 여섯 살 연상이었다. 그는 나이가 어리고 키도 작은 덩을 친동생처럼 보

살펴 주었다. 저우언라이는 중국에 돌아와서도 덩이 위기를 겪을 때마다 그를 구해주었다. 덩샤오핑은 세 번 실각했다 그 때마다 다시 부활했다. 그래서 그를 부도옹不倒翁(오뚝이)이라고 부른다. 덩샤오핑이 실각할 때마다 저우언라이는 그를 보호했다.

덩샤오핑 자신도 당내에서 가장 친한 사람은 저우언라이라고 고백한 적이 있다. 덩은 "나는 그분을 큰형님으로 여긴다"고 말했다. 또 저우언라이의 부인인 덩잉차오(鄧穎超)가 덩샤오핑과 같은 성씨여서 저우언라이 사후에도 덩잉차오는 덩샤오핑을 물심양면으로 도왔다.

프랑스 유학 경험은 덩샤오핑의 일생에 가장 큰 영향을 미친다. 덩은 16세부터 22세까지 프랑스에 머물렀다. 이 시기는 청소년기로 평생의 가치관이 결정되는 중요한 시기다. 마오쩌둥은 1949년 공산 중국을 설립한 뒤 사회주의 종주국인 소련을 방문하기 전까지 한 번도 외유를 한 적이 없었다. 마오는 중국 사회주의 정권 수립 직후인 1949년 12월부터 이듬해 2월까지 소련을 방문한 것이 첫 외유였다. 청소년기에 외유경험이 없었던 그는 대외개방을 주저하고 자력갱생을 강조했다.

그러나 덩샤오핑은 청소년기의 대부분을 프랑스에서 보냈다. 당시 프랑스는 유럽은 물론 세계의 일류국가였다. 덩은 청소년기에 중국보다 발전한 세상을 보았다. 덩샤오핑에게 프랑스는 타도해야 할 제국주의 국가인 동시에 중국이 추구해야 할 근대화된 나라였다. 그래서 중국 혁명은 사회주의 방식을 따르되 중국 혁명이 성공한 뒤 경제발전은 서구 선진국의 모델을 따라야 한다는 것을 너무도 잘 알고 있었다. 자력갱생을 외쳤던 마오와 대외개방을 외쳤던 덩의 차이는 청소년기를 중국에서만 보낸 사람과 청소년기를 외국, 특히 선진국에서 보낸 사람의 차이라고 해도 과언이 아닐 것이다.

사회주의 조국 소련으로

프랑스의 전후 재건 경기가 끝나고 노동력이 남아돌게 되자 근공검학단은 처치 곤란한 존재가 됐다. 근공검학단이 프랑스 당국의 부당한 대우에 항의해 데모를 벌이자 프랑스 정부는 근공검학단의 구심점인 중국 공산주의 청년동맹을 탄압하기 시작했다. 그러자 덩샤오핑은 1926년 사회주의 혁명의 고향인 소련으로 갔다. 1926년 소련으로 간 덩은 중국 공산당에 정식 입당했다. 다소 낭만적인 파리지앵에서 직업 혁명가로 변신하는 순간이었다.

덩은 청년 공산주의자의 교육기관이었던 동방대학(後에 중산中山대학으로 개명, 중산은 중화민국을 세운 손문의 호)에 입학해 사회주의 이념을 본격적으로 배웠다. 그는 여기서 타이완의 제2대 총통인 장징궈(蔣經國)를 만났다. 장징궈는 장제스(蔣介石)의 아들로 당시에는 공산당과 국민당이 군벌을 타파하기 위해 제1차 국공합작을 하고 있었기 때문에 중산대학은 군벌과 제국주의를 반대하는 중국 혁명가들의 소굴이었다.

그는 러시아에서 1년 정도만 머물고 곧바로 귀국했다. 그가 소련에 머문 기간은 정말 절묘했다. 러시아 체류는 그에게 혁명가의 요람인 중산대학 출신이라는 계급장을 달아주었고, 너무 오래 머물지 않아 스탈린식 교조주의에 물들지 않았다.

덩샤오핑은 자본주의(프랑스)와 사회주의(소련)를 두루 보고 1927년 중국행 귀국열차에 몸을 실었다. 그의 유학생활은 당시 최고의 사회주의 국가와 최고의 자본주의 국가를 경험한 것이었다. 그가 집권한 후 정치는 사회주의, 경제는 자본주의인 '중국적 사회주의'를 채택한 것은 어쩌면 당연한 결과다.

귀국, 혁명의 바다 속으로

덩샤오핑은 1927년 7년간의 해외체류를 끝내고 귀국해 본격적인 공산혁명의 길에 나섰다. 중국에 돌아온 뒤부터 10년간 덩은 중국 공산당의 한 젊은 간부에 불과했다. 특기할 만한 것이 있다면 1933년 당내 권력투쟁으로 실각하고 투옥까지 된 것이다. 이것의 그의 첫 번째 실각이었다.

마오쩌둥의 편에 서다

당시 중국 공산당은 마오쩌둥을 필두로 한 국내파와 소련 유학파가 치열한 당권경쟁을 벌이고 있었다. 당권쟁탈전에서 마오는 패했고, 마오의 노선을 따른 덩 또한 실각했다. 당시 중국 공산당은 도시 프롤레타리아 봉기를 주장하는 소련파가 주도권을 잡고 있었다. '28인의 볼셰비키'라고 불린 소련파는 사회주의 종주국 소련을 등에 업고 중국 공산당의 실권을 장악하고 있었다. 농민이 혁명의 중심이라는 마오의 사상은 아직 주류가 아니었다. 교조주의에 물든 소련파는 도시 프롤레타리아가 혁명의 중심이라며 무모한 도시봉기를 수차례 시도했다. 그러나 도시 프롤레타리아 계급이 형성돼 있지 않은 중국에서 도시봉기는 실패할 수밖에 없었다. 이에 비해 마오쩌둥은 인구의 90%가 농민인 중국에서 혁명의 중심은 농민이 돼야 하며, 농촌 소비에트를 건설해 도시를 포위해야 한다고 주장했다. 소련파의 무모한 도시봉기는 매번 실패했지만 마오의 농촌 소비에트 건설은 효과가 있었다. 결국 1935년 대장정(1934~1936년, 중국 공산당의 홍군紅軍이 국민당군의 공격을 피하기 위해 장시(江西)성 루이진(瑞金)에서 산시(陝西)성의 옌안(延安)까지 1만 2000킬로미터를 걸어서 이동한 행군을 말한다. 홍군은 대장정을 계기로 전세를 역전하고 결국 국공내전에서 승리했다) 도중 준의(遵義)에서 열린 회의에서 중국 혁명의 중심은 농민이라는 마오쩌둥 노선이 당 강령으로 정식 채택되고, 마오쩌둥은 중국 공산당 당권을 장악했다. 농민이 중국 혁명의 중심이라는 '마오이즘(Maoism)'이 인정되는 순간이었고, 중국식 사회주의가 탄생하는 순간이었다. 당시 덩은 소련 유학 경험이 있음에도 소련파를 지지하지 않고 마오쩌둥의 정치노선을 줄곧 추종함으로써 후에 중공권력의 최상층부에 진입할 수 있는 발판을 마련했다.

유등군

대장정 이후 덩은 1949년 사회주의 중국 건국까지 관료가
아닌 군인으로 눈부신 활약을 펼쳤다. 독안룡獨眼龍(애꾸눈)이
라고 불린 류보청(劉伯承)이 사단장인 팔로군 129사단의 정치
위원으로, 덩은 중일전쟁 시기 모든 시간을 전선에서 보냈다.

화이하이(淮海)대전 등 중요한 군사작전에서 승리한 129사
단의 정치위원 생활은 덩에게 날개를 달아 주었다. 화이하이
대전은 덩의 군대 60만과 국민당의 100만 병사가 맞붙어 덩
의 군대가 압승한 전투다. 이 전투로 인해 국민당 군대는 궤멸
적인 타격을 입고, 국공내전은 결국 공산당의 승리로 끝났다.
군사평론가들은 화이하이대전을 '장제스의 워털루(나폴레옹은
워털루 전쟁에서 패해 몰락했다)'라고 표현한다.

덩은 129사단의 정치위원 시절 군사와 정치의 긴밀한 관계
를 정확히 파악했고, 후에 자신이 정치 지도자로 발돋움하는
데 결정적 기여를 하는 군부인맥을 다졌다.

1946년부터 1949년까지 국공내전 시기에 덩샤오핑의 군대
는 연전연승의 빛나는 업적을 이뤘다. 류보청과 덩의 제2야전
군은 화중, 화남, 서남지방 등을 잇달아 해방시켰다. 그 공로
로 덩은 1949년 10월 1일 중화인민공화국 건국식에 참석했고,
쓰촨·꾸이저우(貴州)·윈난(雲南)·시짱(西藏, 티베트) 등 서남지방
4개성을 통치하는 당 제1서기에 올랐다.

전쟁 중에 류와 덩은 최고의 파트너였다. 류와 덩은 둘 다
쓰촨성 출신이었고, 용띠로 띠동갑이었다. 류가 덩보다 열두

살 더 많았다. 이들은 1938년부터 호흡을 맞추어 왔으며, 이후 13년 동안 동고동락했다. 마오쩌둥과 주더가 환상의 콤비를 이루며 이끌던 홍군의 주력부대를 주모군朱毛軍이라고 부르듯 류보청과 덩이 이끌던 군대를 유등군劉鄧軍이라고 불렀다.

류는 사령관이었고, 덩은 정치위원이었다. 중국은 당이 군과 정의 우위에 있기 때문에 서열을 따지면 덩이 상급자였다. 정치위원제도는 당이 군을 정치적으로 교육하고 통제해야 한다는 레닌의 교시에 따라 당 중앙의 이념과 전략을 군의 실제 상황과 일치시키기 위해 당이 군대에 파견한 당 대표였다. 따라서 직접 군대를 통제하는 최고책임자였다. 군대 내의 당 대표, 즉 정치위원의 재가를 받은 명령만이 공적인 효력이 있기 때문에 군사령관은 단지 명령집행자에 불과했다.

덩샤오핑은 류보청을 통해 군사전략을 배울 수 있었고, 정치위원으로 활동함으로써 군사와 정치 관계를 적절히 조화하는 기술을 배웠다. 이후 덩샤오핑의 군사적 리더십과 군-정간의 조정능력은 정권 쟁취에 결정적 역할을 한다.

1952년 마오쩌둥의 부름으로 베이징으로 올라가기 전까지 덩은 실질적인 중국 서남지방의 왕으로 거주지인 충칭에서 권세를 누리며 호화롭게 지냈다. 1952년 국무원 부총리로 중앙 정계에 화려하게 등장한 덩은 마오쩌둥, 류샤오치, 저우언라이의 후원 아래 중국 최고지도자 중 하나로 자리매김했다.

마오는 일찍이 덩의 능력을 높이 평가했다. 1957년 소련을 방문한 마오는 흐루시초프에게 동행한 덩을 소개하면서 "저작은 친구를 과소평가하지 마시오. 그는 장제스의 정예 100만 대군을 궤멸시킨 사람이오. 저 사람 앞에는 밝은 미래가 있소"라고 말했다. 당시 중국과 소련은 이념분쟁 중이었고, 덩은 중국측 수석 대변인으로 눈부신 활약을 펼치며 마오를 흡족케 했다.

3년 하방

그러나 덩은 문화혁명이 발발하면서 류샤오치와 함께 주자파로 몰리면서 하방을 당했다. 홍위병들은 류샤오치를 '주자파 1호', 덩을 '주자파 2호'라고 불렀다. 1969년 10월 20일부터 1973년 2월 20일까지 덩은 장시(江西)성 난창(南昌)시 신젠(新建)현에서 3년 하방생활을 겪는다. 그의 두 번째 실각이었다. 만 65세의 나이에 장시성 생산건설병단의 노동자로 하방당한 덩샤오핑은 자신과 노선을 같이한 류샤오치와는 달리 죽음은 면했다. 한때 마오쩌둥의 지위를 위협한 류샤오치는 홍위병들에게 맞아 죽었다. 이 시기 덩은 일생 최대의 고난과 아픔을 인내하면서 보냈다.

그는 트랙터 수리공장 노동자로 일하면서 한편으로는 글을 읽고 한편으로는 체력단련을 하는 절치부심의 세월을 보냈다. 그는 시련의 시기를 오히려 전화위복의 계기로 삼았다. 그는 이때 장정 이후 복용해 오던 수면제를 끊었다. 중국 공산당 1세대 지도부는 대부분 수면제 또는 아편 중독자들이었다. 험난한 국민당과의 싸움, 역사의 불가사의인 대장정을 수행했던 그들은 수면제나 아편이 없으면 잠을 이룰 수 없었다. 마오쩌둥도 수면제가 없으면 잠시도 눈을 부칠 수 없을 정도의 중증 불면증 환자였다.

덩은 장시 하방생활 중 하루도 빠지지 않고 트랙터 수리 공장에 출근했다. 하방 당시 그의 동료들은 "그가 한 때 공산당의 지도자였다고는 생각할 수 없을 정도로 성실하고 조용했다"고 덩을 기억했다. 그는 성실성과 인내력, 낙관적 생활태도로 유배생활의 고통을 극복했다.

막내딸 덩룽(鄧榕)이 기록한 '나의 아버지 덩샤오핑(我的父親鄧小平)'에 따르면 덩은 매일 집 마당이 마르고 닳도록 산책을 했다. 덩룽은 "아버지의 단호하고 빠른 걸음을 쳐다보면서 아버지의 신념, 사상, 결의가 점점 뚜렷하고 확고해진다고, 앞날의 투쟁에 대비하고 있는 것 같다고, 나 혼자 생각했다"고 적었다.

당시 그는 500여 평의 집 마당을 매일 40바퀴씩 돌았다. 그가 다닌 길이 패일 정도였다. 주위 사람들은 그 길을 '덩샤오핑로'라고 불렀다. 이는 단지 건강을 관리하기 위한 산책이 아니었을 것이다. 복권 후 국가경영을 어떻게 할 것인가에 대한 사색의 시간이었을 것이다. 그가 복권된 이후 실시한 개혁개방 정책의 대부분이 장시의 유배생활 중 완성된 것이었다. 덩은 장시 유배 기간에도 결코 낙담하지 않고 재기를 위한 준비를 착실히 했으며, 중국 사회주의 미래에 대한 구상과 마오쩌둥과 연관된 정치문제를 깊이 사색했고, 마오쩌둥 사후의 중국 사회주의 건설과 그 진행을 준비한 것이다.

삼락삼기

1973년 파탄에 이른 경제 상황을 염려한 마오쩌둥에 의해 복권된 덩은 다시 베이징으로 돌아왔다. 덩은 문화혁명으로 피폐해진 중국을 되살리기 위해 실용주의 정책을 실시하지만 사인방의 간계로 세 번째 실각을 하게 된다.

1976년 1월 8일 영원한 총리 저우언라이가 사망하자 베이징 시민들은 천안문광장에 모여 저우언라이의 사망을 애도했다. 사인방은 추도회를 제한하고 저우언라이를 추모하는 화환을 치워버렸다. 시민들은 이에 분개했으며, 3월 난징(南京)을 시작으로 사인방을 비판하는 대자보가 붙기 시작했다. 더 나아가 4월 5일 청명절(한식)에는 100만 명 이상이 천안문광장에 모여 저우언라이를 추도했다. 이 천안문 사건은 실질적으로 사인방과 문화혁명에 대한 반대였으며, 저우언라이와 덩샤오핑에 대한 지지였다. 1976년의 천안문 시위를 1차 천안문 사건, 1989년의 천안문 시위를 2차 천안문 사건이라고 부른다.

사인방은 천안문 사건을 반혁명 사건이라고 규정하고 이를 탄압했다. 또 덩샤오핑이 이들의 배후라며 덩의 당 내외 모든 직위를 박탈하고 당적만 보유케 했다. 저우언라이 장례식장에서 조사를 읽은 것을 마지막으로 덩의 모습은 공식석상에서 더는 보이지 않았다. 이것이 덩의 세 번째이자 마지막 실각이었다. 덩은 세 번째 실각을 당했지만 오래가지 않아 기회는 다시 왔다. 1976년 9월 9일 공산 중국의 건국 황제 마오쩌둥이 죽은 것이다. 이듬해 덩은 세 번째 복권을 하면서 마오의 뒤를 잇는 공산 중국의 새 황제로 등극했다. 덩샤오핑이 삼락삼기三 落三起(세 번 넘어지고 세 번 일어섬) 끝에 드디어 자신의 시대를 연 것이다.

사인방과 벌인 결투

마오쩌둥도 내심 덩을 아꼈다. 덩이 실각할 때마다 당적은 유지할 수 있도록 배려했다. 공산당 일당독재 치하의 중국에서 당적을 박탈당하는 것은 정치적 죽음을 의미한다. 특히 마오쩌둥은 문화혁명 당시 사인방의 공격에서 덩을 보호해 주었다. 류샤오치의 죽음은 못 본 채 했지만 덩은 화를 면하게 해 주었다. 또 세 번째 실각 때, 덩의 당적도 박탈해야 한다는 사인방의 요구에 마오는 "그가 자손들에게 당원증을 보여줄 수 있어야지"라며 거절했다. 마오는 덩을 100% 믿지는 않았지만 자신의 사후 중국에 꼭 필요한 인재라고 판단했기 때문이다. 그는 덩샤오핑을 "문文으로는 저우언라이보다 위고, 무武로는 린뱌오(林彪, 중국 10대 원수 중 하나. 국방장관을 지냈고, 한때 마오의 후계자였음)보다 위"라며 하늘이 내린 인재, 즉 천재라고 평가했다.

마오는 사망을 앞두고 화궈펑(華國鋒)을 후계자로 점찍었다. 능력이나 경력으로 보건대, 덩샤오핑만한 인물이 없었지만 마오는 덩이 문화혁명의 정신을 뒤집을 가능성이 크기 때문에 덩을 후계자로 낙점하지는 않았다. 그렇다고 문화혁명의 정신을 가장 잘 계승하겠지만 경륜이 없는 사인방에게 나라를 맡길 수는 없었다. 마오는 궁여지책으로 무색무취한 화궈펑을 선택했다. 화궈펑은 마오의 고향인 후난성 출신으로 그의 충복이었다.

1976년 마오쩌둥이 병석에 누워 사경을 헤매고 있을 때, 중국 공산당은 차기 대권을 두고 사인방 등 강경파와 덩을 필두로 하는 온건파가 치열한 권력다툼을 벌이고 있었다.

두 세력의 권력투쟁에서 일단 사인방이 우세했다. 사인방 세력은 상하이를 중심으로 강력한 민병대를 조직하고 덩샤오핑을 지지하는 당 원로들과 군부세력에 대항했다.

마오쩌둥이 사망하기 바로 직전에 덩샤오핑은 국방장관 예젠잉(葉劍英)의 주선으로 베이징을 몰래 빠져 나가 광저우(廣州) 군구로 피신해 있었다. 그곳에는 항일혁명전쟁시기 129사단 정치위원 시절에 부하였던 쉬스요우(許世友)가 군구 사령관으로 있었다. 덩샤오핑은 이곳에서 사인방의 암살공격을 피했다.

덩샤오핑 세력은 국방장관 예젠잉을 중심으로 당내의 원로세력과 군세력을 포섭하는 데 주력했다. 예젠잉은 여러 번 광저우에 몰래 내려가 덩과 쿠데타를 협의하고 장칭 세력 제거를 결정했다.

예젠잉은 우선 사인방의 세력에 속하지만 비교적 중립적인 위치에 있는 마오쩌둥 경호사단의 책임자인 왕둥싱(汪東興)을 만나 설득 작업을 폈다. 장칭 집단을 제거하기 위해서는 베이징에 주둔하는 왕둥싱 부대의 동조가 절대적으로 필요했기 때문이다. 왕둥싱도 당 원로와 군부의 힘을 잘 알고 있었다. 만일 자신이 장칭의 편에 선다면 중국은 내란에 빠질 가능성이 높았다. 앞서 광저우 군구 사령관인 쉬스요우는 다른 지역의 군구 사령관들에게 만일 덩샤오핑을 죽이기 위해 광저우로 내려온다면 전쟁을 불사하겠다고 강력하게 경고를 한 적이 있었다.

왕둥싱은 일단 자신의 정치적인 입지를 고려해 예젠잉을 지지하기로 결정했다. 왕둥싱의 지지를 얻어낸 예젠잉은 덩샤오핑의 오랜 동지인 천윈(陳雲), 리셴녠(李先念), 저우언라이의 부인인 덩잉차오 등과 접촉해 당 원로들의 덩샤오핑 지지를 엮어냈다.

마오쩌둥의 사망이 임박한 시점에서 예젠잉의 공작은 치밀하게 진행됐다. 장칭은 9월 5일에 상하이에서 마오쩌둥이 위독하다는 연락을 받았다. 그녀는 베이징으로 달려왔다. 9월 9일에 마오쩌둥이 사망하자 장칭은 제일 먼저 중앙정치국회의에서 비덩批鄧(덩샤오핑을 비판한다는 뜻)을 강력하게 주장했다. 장칭의 공세가 계속되는 가운데 덩샤오핑 세력은 쿠데타 준비를 완료하고 상하이에 기반을 둔 사인방 세력을 베이징으로 끌어들이는 전략을 꾸미기 시작했다.

예젠잉은 마지막으로 마오쩌둥의 후계자인 화궈펑을 면담하고 직설적으로 그에게 덩샤오핑 지지를 요구했다. "화 동지가 동참한다면 군과 당 원로들은 그대의 총서기 직책을 보장할 것이오." 군대 내에서 지지기반이 없었던 화궈펑은 예젠잉과 그의 배후세력인 군부를 과소평가할 수 없었다. 그는 장칭과 덩샤오핑을 비교하면서 이해득실을 면밀히 검토했다. 화궈펑은 장칭을 버리고 덩샤오핑을 선택했다. 그는 어리석게도 장칭을 제거한 후에 실권이 없는 덩샤오핑을 충분히 이길 수 있다고 판단했다.

예젠잉의 쿠데타 주동세력은 거사 일자를 10월 6일로 잡고, 상하이에 머물며 민병대를 조직하고 있는 사인방 세력을 베이징으로 끌어들였다. 10월 6일에 베이징에서 마오쩌둥 선집 제5권의 최종교정본을 승인하기 위한 중앙정치국 상무위원회가 개최됐다. 사인방 중에서 왕훙원(王洪文), 장춘차오(張春橋)는 당연직으로 참가했고, 교열을 맡은 야오원위엔(姚文元)도 참석했다. 예젠잉, 화궈펑, 왕둥싱은 이들을 기다렸다.

시간이 되자 왕훙원이 제일 먼저 회의장에 들어왔다. 공안원들이 재빨리 왕훙원에게 달려들어 포박했다. 장춘차오와 야오원위엔도 왕훙원과 마찬가지로 회의장 입구에서 모두 체포됐다. 이어서 왕둥싱 휘하의 경호부대원들은 장칭이 머물고 있는 중남해로 달려갔다. "마오 주석의 시신이 아직 식지도 않았다"며 반항하는 장칭을 체포함으로써 사인방은 일망타진됐다. 예젠잉은 무혈쿠데타가 성공하자 광저우 군구에 피신해 있던 덩샤오핑에게 이 사실을 알렸다. 덩샤오핑은 회심의 미소를 지었다.

사인방을 제거하고 다음날까지 계속된 공산당 중앙정치국 회의에서 화궈펑은 당 주석직과 중앙군사위 주석직, 국무원 총리에 선임됐다. 이제 덩샤오핑을 가로 막는 것은 화궈펑 밖에 없었다.

화궈펑을 몰아내다

덩샤오핑과 화궈펑의 마지막 권력다툼은 범시론凡是論(마오쩌둥이 무조건 옳다는 논리)과 실사구시론實事求是論의 이념논쟁에서 승패가 결정됐다.

1978년 4월에 광명일보에 '실천은 일체의 진리를 검증하는 표준이다'라는 글이 실렸다. 이 글을 본 공산당 중앙당교中央黨校의 이론연구실은 '실천은 진리를 검증하는 유일한 표준이다(實踐是檢證眞理的唯一標準)'로 제목을 바꾸고 당교 기관지에 광명일보의 글을 게재했다. 이어 여러 매체가 이를 추종 보도했다. 의미는 간단했다. 이론은 진리(범시론)가 아니라 실천에 의해서만 검증 받을 수 있다는 말이다. 다시 말해 이론은 실천에 의해서만 검증될 뿐 기존에 진리(범시론)라고 여겨진 것이 이론이 될 수 없다는 것이다.

이 글은 어떤 책이나 경전, 누구의 말을 무조건 옳다고 떠받드는 것은 올바른 견해가 아니라는 비판이 숨어 있었다. 이 글의 궁극적인 공격목표는 범시론의 주창자인 화궈펑이었다. 화궈펑과 왕둥싱은 이에 대해 즉각 반격을 가했지만 사상해방의 물결은 누구도 막을 수 없었다. 덩샤오핑의 오른팔인 후야오방(胡耀邦)은 각종 언론매체를 통해 범시론을 공격했다.

1978년 11월에 덩샤오핑, 천윈, 녜룽전 등 당 원로들은 1976년 천안문 사건과 문화대혁명 기간 중 피해를 입은 사람들의 명예를 회복시켜 줄 것을 화궈펑에게 요구했다. 11월 26일에 천안문 사건은 반혁명사건이라는 규정은 삭제되고 혁명사건으로 수정되었으며, 문화대혁명 기간 중 여러 가지 사건의 진상이 밝혀지고 류샤오치 등 피해자는 명예를 회복했다.

12월 13일에 덩샤오핑은 공산당 중앙공작회의(1978.11.10.~1978.12.15.)의 폐막식에서 "당은 사상해방, 실사구시로 일치단결하여 전진하자"는 발언을 했다. 범시론을 부정하고 실사구시를 강조한 발언이었다. 실사구시론이 범시론을 물리쳤음을 선언한 것이었다. 덩은 한 번도 화궈펑에게 직접 물러나라고 하지 않았다. 당의 원로들을 복권시킴으로써 그들을 자신의 지지 세력으로 만들고, 이들로 하여금 화궈펑을 몰아내게 했다. '정치 9단'다운 노회한 전략을 쓴 것이다.

이것이 가능했던 것은 당내에 덩을 따르는 사람이 많았기 때문이다. 그는 특유의 친화력과 포용력으로 당내에 적을 만들지 않았다. 덩샤오핑은 둘째 부인인 진웨이잉(金維映)의 아들 리톄잉(李鐵映)을 끝까지 챙겨줄 정도로 아량을 베풀었다. 덩샤오핑이 첫 번째 실각을 당하고 감옥에 갇혔을 때, 진웨이잉에게서 이혼장을 받았다. 그녀는 덩샤오핑의 프랑스 유학 동기생인 리웨이한(李維漢)과 결혼했고, 나중에 소련에서 병사했다. 그럼에도 그는 그들 부부의 자식인 리톄잉을 끝까지 보살폈다. 리톄잉은 후에 공산당 간부로 성장했다. 덩은 자신과 피도 한 방울 섞이지 않았고, 가장 어려울 때 자신을 배신한 여자의 자식임에도 리톄잉을 후원해 주었다. 이 같은 그의 포용력은 그의 주위에 사람들이 몰려들게 했고, 결국 주위 사람들은 덩을 공산당 최고 권력의 자리에 올려놓았다.

1978년 12월 18일에 베이징에서 마오쩌둥이 소련파를 몰아내고 권력을 장악한 준의회의와 쌍벽을 이루는 역사적인 회의가 열렸다. 중국 공산당 11기 3중전회(1978.12.18.~1978.12.22.)가 개최된 것이다. 덩샤오핑은 이 회의에서 그동안 지루하게 싸운 화궈펑에 대해 승리를 최종 선언했다. 덩샤오핑의 지지자인 천윈은 복권되어 서열 2위의 당 부주석에 선임되었고, 덩의 직계인 후야오방, 덩잉차오가 정치국 상무위원이 되었으며, 당의 정책은 실사구시 노선으로 정해졌다. 마오쩌둥의 시대가 가고 덩샤오핑의 개혁개방 시대가 공식 개막된 것이다.

개혁개방의 총설계사

개혁개방 삼총사

덩이 개혁개방을 선언하기 직전 마지막으로 해결해야 할 것이 있었다. 마오쩌둥과 문화혁명에 대한 평가였다. 문화혁명을 긍정하고 개혁개방을 추진할 수는 없었다. 마오와 문화혁명에 대한 평가 없이 개혁개방은 한 발짝도 나갈 수 없었다.

덩은 "지난날의 과실을 모두 마오쩌둥 한 사람의 잘못이라고 볼 수는 없다. 그래서 우리는 객관적으로 마오쩌둥을 평가해야 한다. 공功이 우선이고 과過는 둘째다. 마오쩌둥이 없었다면 새로운 중국도 없었다. 마오는 공이 7할이고 과가 3할이다"고 말했다. 마오쩌둥의 혁명사상은 옳았지만 문화혁명은 틀렸다는 말을 완곡하게 표현한 것이다. 그러나 7할이 공이라고 평가함으로써 마오쩌둥의 혁명정신은 계승할 것임을 분명히 했다. 그는 "천안문 광장에 마오쩌둥 초상화가 영원히 걸려 있을 것"이란 말로 신중국을 건설한 마오의 업적을 인정하고, 자신이 그의 계승자임을 분명히 했다.

마오쩌둥 평가 문제를 마무리 지은 덩은 곧바로 "가난이 공산주의는 아니다"라며 개혁개방에 시동을 걸었다.

덩은 일단 인재들부터 구했다. 문화혁명으로 하방 또는 감옥에 간 능력 있는 인사들을 다시 불러들였다. 완리(萬里), 자오쯔양(趙紫陽), 후야오방 등이 그들이다. 그중 특기할 만한 인물이 중국의 철혈재상으로 불리는 주룽지(朱鎔基)와 개혁개방의 전도사라는 별명이 붙은 룽이런(榮毅仁)이었다.

개혁개방의 삼총사를 꼽는다면 덩샤오핑, 주룽지 전 총리, 룽이런을 들 수 있다. 개혁개방이란 비전을 제시한 덩샤오핑을 '개혁개방의 총설계사'라고 한다면 그 비전을 실천한 주룽지 전 총리를 '개혁개방의 집행자(CEO)'라고 할 수 있다. 그리고 개혁개방의 이념을 해외 화교사회에 전파한 룽이런을 '개혁개방의 전도사'라고 할 수 있다.

개혁개방의 집행자 주룽지는 과열된 중국경제를 연착륙시켜 중국이 장기간 고성장하는 발판을 마련한 인물이다. 중국은 급격한 경제성장의 부작용으로 1990년대 중반 고인플레이션(물가상승)을 경험하게 된다. 당시 고인플레이션을 잡고 중국 경제를 고성장 저인플레이션 구조로 정착시킨 장본인이 바로 주룽지 전 총리이다. 주룽지 총리의 성공으로 중국은 1990년대 후반부터 저물가 속에 연간 10% 내외의 고속성장을 지속하고 있다. 이 같은 공로로 중국인들은 주룽지 전 총리를 부국강병을 실현한 독일의 철혈재상 비스마르크에 비유하고 있으며, 서방언론도 '중국의 경제 짜르(China's Economic Czar)'라고 불렀다.

2005년 10월 26일 89세의 나이로 타계한 룽이런은 개혁개방의 전도사다. 덩샤오핑이 개혁개방을 선언하고 제일 먼저 한 일이 상하이의 민족자본가인 룽이런을 발탁한 것이었다. 1949년 공산당이 중국 대륙을 해방시키자 대부분 자산가들이 홍콩 등지로 도망갔으나 룽이런은 상하이를 지켰다. 그리고 그의 재산을 공산당에 헌납했다. 공산당은 그를 어여삐 여겨 '붉은 자본가(Red Capitalist)'라는 칭호를 내렸고 이후 상하이 부시장, 방직공업부 부부장(차관) 자리도 주었다. 그러나 문화혁명 때 하방당해 고초를 겪다 덩샤오핑이 정권을 잡자 다시 전면에 나섰다. 빠른 경제성장을 위해 화교자본이 절실했던 덩에게 룽이런 이상의 카드는 없었다.

룽이런은 상하이를 대표하는 자본가인 룽씨 일가의 좌장으로 해외 화교사회에 막강한 영향력을 행사한다. 룽씨 일가가 뜨면 세계 화교사회가 들썩인다는 말이 있을 정도다. 룽씨 집안은 지금도 중국 최고 부호의 자리를 유지하고 있다. 룽이런의 아들인 래리 룽은 17억 달러의 재산(포브스 추산)을 보유해 중국 최고의 부자다. 덩샤오핑은 화교자본 유치의 최적임자로 룽이런을 지목했고, 룽이런은 자신을 개혁개방의 전도사라 칭하며 공산 중국에 화교자본을 유치하는 선봉에 섰다.

덩샤오핑이 개혁개방을 선언하자 '한번 중국인이면 영원한 중국인'이라는 말을 증명이라도 하듯 해외 화교들은 공산 중국에 막대한 '시드 머니(seed money)'를 제공했다. 막상 개혁개방을 선언했지만 자본이 없는 중국 공산당에게 화교자본은 가뭄의 단비였고, 이를 종자돈으로 중국은 단기간에 급성장할 수 있었다. 개혁개방 초기 중국 FDI의 대부분이 화교자본이었고, 지금도 FDI 3분의 1이 화교자본이다.

대내개혁과 대외개방

대내개혁

인재를 다시 모은 덩은 곧바로 개혁개방을 실행했다. 대내로는 경제에 자본주의적 색을 입혔다. 인민공사를 해체하고 개체호個體戶라는 자영업 개념을 도입했다. 인민공사는 집단적으로 생산하고 집단적으로 소비하는 마오쩌둥 시대의 유물이었다. 공동생산 공동분배였기 때문에 생산력이 올라갈 까닭이 없다. 덩은 이런 인민공사를 해체하고 일부 유휴지를 개인이 경작할 수 있도록 했다. 그리고 그곳에서 생산된 농작물을 시장에 내다 팔 수 있도록 했다.

덩은 각 농가에 토지를 할당해 준 뒤 이른바 '농가생산 청부제'를 실시했다. 농가생산 청부제로 농민들은 국가와 개별 계약을 통해 국가에 곡식을 팔았고, 나머지는 시장에 내다 팔았다. 개인의 이윤 동기를 자극한 이 정책은 보기 좋게 성공했다. 인민공사 폐지 이후 중국의 농업생산량은 급증했다. 1953~1978년 농업의 연평균 성장률은 3.2%에 불과했으나 1979~1985년에는 9.4%로 증가했다. 식량생산 증가율 또한 1978년 이전 기간에는 2.4%였으나 이후 7년 동안 4.9% 상승하며 1984년에는 식량 수출국 대열에 올랐다. 역대 중국 황제들의 염원인 백성을 배불리 먹이는 데 성공한 것은 물론 잉여농산물을 외국에 수출할 수준이 된 것이다.

이와 함께 향진기업제도를 도입했다. 향진기업은 농촌은 농업을, 도시는 공업을 담당한다는 고정관념을 타파한 것으로 농촌의 부업을 장려함으로써 농가의 소득을 높이기 위한 것이었다. 향진기업 발달은 농촌인구의 도시집중을 억제하고 농촌의 현대화를 촉진하는 촉매제 역할을 했다.

도시에는 개체호 개념을 도입했다. 개체호는 중국의 도시지역에서 상공업에 종사하는 종업원 7명 미만의 자영업자들을 말한다. 문화혁명 시기에는 '자본주의의 찌꺼기'로 비판의 대상이었으나 개체호는 개혁개방과 함께 부활했으며, 정부의 시장경제 활성화 정책에 따라 그 수가 급증했다. 국영기업에서 충분히 공급할 수 없는 물품의 제조와 판매업·서비스업·요식업 등이 중심업종을 이루고 있다.

개체호의 출현은 개인의 자본과 노동력을 토대로 벌어들인 소득을 본인이 직접 지배하는 경제형식으로서, 개혁개방 초기에 중국이 달려 나갈 사회주의 시장경제체제의 길을 상징적으로 보여주는 제도였다. 개체호는 개혁개방 이후 20여 년이 지난 1999년에 3160만개에 이르러 절정을 이뤘으나 최근에는 기업들이 집단화하면서 그 수가 약간 줄고 있다.

대외개방

대외개방은 덩샤오핑의 국제 감각이 크게 작용했다. 덩은 젊은 시절 프랑스와 러시아에 유학했고, 중소분쟁 당시 소련과의 이론투쟁에 앞장섰으며, 1979년 미국을 방문해 지미 카터 대통령과 국교를 정상화시켰다. 그는 초대 총리 겸 외무장관을 지냈던 저우언라이에 이어 중국 최고의 국제통이었다. 한 때 마오쩌둥도 외교 분야는 덩, 내치는 화궈펑 체제를 생각했을 정도로 덩샤오핑은 국제정세 밝았다.

프랑스 유학경험이 있는 덩샤오핑은 선진국의 발전상을 잘 이해하고 있었고, 대외개방 없이 중국은 발전할 수 없다는 사실을 너무도 잘 알고 있었다. 그는 중국이 발전하기 위해서는 서구의 자본과 기술이 필수적이며, 국제 분쟁에 휘말려서는 안 된다는 사실도 잘 인지하고 있었다. 때마침 국제정세도 냉전이 끝나고 동서 데탕트 시대가 열리고 있었다.

그는 미국과 일본의 자본과 기술을 받아들이기 위해 먼저 수교를 맺었다. 1978년 한때 중일전쟁을 벌인 일본과 중일 우호조약을 맺었고, 1979년 미국으로 날아가 미국과 정식으로 국교를 수립했다. 덩은 1979년 1월 28일부터 2월 5일까지 미

국을 방문해 국교정상화에 서명하고, 미국에게서 관세최혜국
(MFN, Most Favored Nation) 지위를 얻어냈다.

개혁개방을 위한 사전 정지작업을 마친 덩은 개혁개방의
상징인 특구를 설치했다. 중국의 특구 설치는 점개방-선개방-
면개방-전방위개방 단계로 진행됐다. 덩샤오핑은 경제적 충격
을 최소화하기 위해 동남연해 지역부터 단계적으로 개방하기
시작해 내륙 서부까지 완전히 개방하는 방법을 썼다. 덩의 주
도면밀하고 실용주의적인 측면을 느낄 수 있는 대목이다.

점개방 단계는 1979~1983년 시기로, 광둥성의 선전 주하
이 산터우와 푸지엔성의 샤먼에 이른바 4대 경제특구가 설치
됐다. 특구라는 아이디어를 직접 낸 덩샤오핑은 1984년 1월
말에서 2월 초 사이에 이들 특구를 순시했다. 그는 "선전의 진
보와 실험은 우리의 경제특구 정책이 옳았음을 증명한다"라는
비문을 남겼고, "경제특구는 좀 더 빠르고 바람직하게 진행되
어야 한다"는 비문을 샤먼에 남겼다.

남방순시에서 돌아온 덩은 후야오방과 자오쯔양을 만나 경
제특구 확대를 촉구하며 다음과 같이 말했다.

"특구는 기술, 경영, 지식, 외교 면에서 득이 된다. 온갖 종
류의 혜택을 가지고 온다. 그것은 우리 개방정책의 기반이 될
것이며, 경제뿐만 아니라 인재를 양성하고 외교적 영향력을
강화하는 데도 도움이 될 것이다. 기존 특구 외에도 더 많은
항구를 같은 식으로 개방하라."

이후 특구 설치는 일사천리로 진행됐다. 1984년부터 1987

년까지 진행된 선개방 단계에서 공산당은 14개 연해지역의 주요 항만도시를 개방도시로 지정했고, 양자강삼각주, 주강삼각주를 개방지역으로 지정했다. 1988년부터 1991년까지 계속된 면개방 단계에서 산동반도 요동반도 및 환발해만권을 개방지역으로 지정했으며, 중국 최남단 섬인 하이난(海南)도를 성으로 승격해 다섯 번째 경제특구로 지정했다. 전방위개방은 1992년 덩샤오핑의 남순강화 이후 서부 내륙지역도 개방한 것으로, 이로써 중국 대륙은 완전히 개방됐다.

외자유치

중국이 대외개방을 단행하자 서구의 자본은 중국으로 대거 몰려들었다. 중국은 싼 인건비와 훌륭한 인프라로 세계의 자본을 스펀지처럼 빨아들였다. 세계의 다국적 기업들은 중국을 단순한 생산기지가 아닌 거대한 소비시장으로 보고 막대한 자금을 쏟아 부었다.

개혁개방 전 외자는 주로 차관이었으나 개혁개방 이후에는 FDI 형태로 들어왔다. 차관은 갚아야 하지만 FDI는 갚을 필요가 없기 때문에 훨씬 효과적인 외자유치법이다. 개혁개방 전 FDI는 제로였으나 1999년 이후 매년 400억 달러 이상이 몰려들고 있다. 특히 2005년에는 FDI가 602억 달러를 기록해 미국을 제치고 세계최고의 FDI 유치국이 됐다. 중국 상무부에 따르면 2007년 1분기 현재 누적 FDI가 7000억 달러를 돌파했다. 한국의 GDP가 8000억 달러 수준임을 감안하면 중국의

FDI가 얼마나 많은 것인지를 짐작할 수 있다. 개혁개방 초기에는 주로 홍콩, 타이완 등 화교자본이 FDI의 주류를 이뤘으나 1990년대부터 미국 등 서구 기업들도 막대한 자금을 중국에 투입해 중국은 세계의 FDI를 빨아들이는 블랙홀이 됐다.

중국은 FDI를 바탕으로 빠른 경제개발을 할 수 있었으며, 세계는 싼값에 물건을 생산하는 생산기지를 확보하게 됐다. 중국은 싼값의 양질의 노동력을 거의 무한대로 확보하고 있었고, 계획경제 아래 인프라가 빠른 속도로 개선됐기 때문에 서구기업의 입장에서는 중국만큼 좋은 생산기지가 없었다.

한국도 국내의 인건비가 치솟고 토지 가격이 상승하자 공장을 중국으로 대거 이전해 젊은 층의 실업문제가 사회문제로 대두되고 있다. 중국은 세계의 일자리를 뺏어간 대신 값싼 물건을 전 세계에 토해냈다. 중국산 저가 공산품이 세계를 뒤덮자 중국이 세계에 디플레이션(물가하락)을 수출한다는 비판도 있었지만 최근 세계가 고유가임에도 극심한 인플레이션을 겪지 않고 고속 성장을 지속하고 있는 것은 중국산 저가 제품이 인플레이션 압력을 누그러뜨리고 있기 때문이다.

개혁개방 30년과 올림픽

덩샤오핑은 마오쩌둥 사후 사인방, 화궈펑과의 치열한 권력투쟁에서 승리하고 결국 정권을 잡았다. 그가 사인방과 화궈펑을 몰아내고 정권을 장악한 시점이 1978년이다. 일부에서는 개혁개방의 상징인 경제특구가 설치된 1979년이 개혁개방의 원년이라고 보지만 대부분 전문가들은 덩이 정권을 잡은 1978년을 개혁개방의 원년으로 보고 있다. 따라서 2008년은 베이징 올림픽의 해이기도 하지만 개혁개방이 30주년 되는 해이기도 하다.

덩샤오핑의 개혁개방 리더십 아래 중국 인민들이 일치단결해 노력한 결과, 이제 중국은 미국도 두려워하는 경제대국으로 성장했다. 2004년 초 원자바오 총리가 경기 과열을 억제하기 위해 긴축 정책을 펼치겠다고 하자 전 세계 증시가 급락하는 등 세계는 미국의 중앙은행인 연방준비제도이사회(FRB, Federal Reserve Board) 의장의 입만큼이나 중국 경제 지도자들의 입에 주목하고 있다. 2007년 초에도 중국의 중앙은행인 인민은행장이 경기 과열을 억제하기 위해 금리를 인상하겠다고 말하자 중국 증시가 폭락한데 이어 세계 증시가 덩달아 폭락하는 사태가 발생했다. 당시 미국 증시는 2001년 9.11 테러 이후 최대 낙폭을 기록했다.

한국도 옛날에는 미국이 기침을 하면 감기에 걸렸지만 지금은 중국이 기침하면 폐렴에 걸릴 지경이다. 한국의 제1무역 상대국은 미국이 아니라 중국이다. 일본의 제1무역 상대국도 미국이 아니라 중국이다. 미국경제권에 속해 있던 한국과 일본이 중국 경제권에 편입되고 있다. 한국과 일본은 미국의 경기둔화보다 중국의 경기둔화를 더욱 걱정해야 하는 시대에 접어든 것이다.

개혁개방 이후 중국의 경제발전을 수치로 살펴보면 '경이적'이라는 단어 이외에 표현할 말이 없다. 1978년 당시 중국의 GDP는 462억 달러에 불과했다. 2006년 중국의 GDP는 2조7000억 달러로 세계 3위다. 개혁개방 이후 중국의 GDP는 약 58배가량 는 셈이다. 사실 중국의 GDP는 3조 달러에 가깝다. 홍콩이 1995년 세계무역기구(WTO)에 가입해 경제지표를 따로 계산하지만 홍콩은 1997년 중국에 반환됐다. 홍콩의 국내총생산은 2500억 달러 정도 된다. 1999년 반환된 마카오의 GDP까지 합하면 중화권의 GDP는 3조 달러를 상회한다.

무역규모 역시 1978년에는 200억 달러에 불과했다. 2006년 현재 중국의 무역규모는 1조8000억 달러에 육박해 미국, 독일에 이어 세계 3위다. 개혁개방 이후 무역규모는 무려 90배나 증가했다. 특히 1978년 79억 달러에 불과하던 수출액은 2006년 1조 달러에 이르고 있다. 중국이 세계의 공장으로 부상함에 따라 수출액은 2006년 하반기부터 미국을 추월하기 시작했다. 중국은 2007년 미국을 제치고, 2008년에는 수출 1위인 독일마저 추월해 세계최대의 수출국이 될 전망이다.

1978년 거의 제로에 가까웠던 외환보유액은 2006년 1조 달러를 돌파하고, 2007년 2분기 현재 1조3300억 달러를 기록하고 있다. 중국의 외환보유액은 매월 200억 달러씩 증가하고 있어 2007년 말에는 1조5000억 달러에 육박할 전망이다. 2차대전 이후 수십 년 동안 1위를 지켜온 일본은 9000억 달러대에 머물고 있다.

중국 증시도 폭발하고 있다. 중국 증시는 1990년 설립돼 그 역사가 17년에 불과하다. 그러나 시가총액 규모는 이미 세계 4위다. 중국 증시의 시가총액은 2007년 7월 현재 2조2000억 달러를 기록하고 있다. 미국 증시가 15조6400억 달러, 일본 증시가 7조8000억 달러, 영국 증시가 3조1110억 달러, 프랑스 증시가 1조8800억 달러, 홍콩 증시가 1조8000억 달러를 각각 기록하고 있다. 한국은 약 1조 달러 수준이다. 홍콩을 중국에 포함할 경우, 중화권의 증시 규모는 약 4조 달러에 달한다. 중화권 증시의 규모는 이미 영국을 제치고 미국, 일본에 이어 세계 3위에 해당한다.

개혁개방 30년 만에 중국은 세계경제의 변방에서 세계경제의 핵심으로 부상했다. 중국은 이제 제2의 도약을 꿈꾸며 2008년 베이징 올림픽을 준비하고 있다. 개혁개방이 제1의 도약이라면 개혁개방 30주년을 맞이하는 2008년 베이징 올림픽은 세계만방에 중화민족의 제2도약을 알리는 신호탄이 될 것이다.

중국 최고의 수출상품 개혁개방

2006년 중국은 9980억 달러 어치의 상품을 수출했다. 중국 최고의 수출 품목은 과연 무엇일까. 필자는 주저 없이 개혁개방을 꼽는다. 개혁개방은 망해가던 사회주의에 제3의 길을 제시했고, 한때 사회주의를 표방하던 국가들은 대부분 중국의 개혁개방을 벤치마킹하고 있다.

베트남판 개혁개방 정책인 '도이모이', 소련판 개혁개방 정책인 '페레스트로이카', 심지어 북한도 중국의 개혁개방 정책을 배우기 위해 혈안이 돼 있다. 인도도 중국식 개혁개방 정책을 채택하고 있으며, 특히 중국의 경제특구 모델을 그대로 받아들여 경제특구를 설치하는데 심혈을 기울이고 있다.

현재 개혁개방 정책을 채택하고 있는 나라들은 모두 번영을 구가하고 있다. 인도는 중국과 함께 친디아로 불리며 21세기 후반 미국을 제치고 세계경제를 지배할 나라로 각광 받고 있다. 거대신흥시장국을 일컫는 신조어인 브릭스BRICs(브라질, 러시아, 인도, 중국)의 일원인 러시아도 페레스트로이카의 부작용으로 10년 정치 대동란을 겪었지만 최근에는 사상최고의 호황을 누리며 이머징마켓(emerging market, 신흥시장)의 신흥강국으로 부상하고 있다. 친디아에 이어 최근 급부상하고 있는 베트남도 풍부한 노동력, 싼 임금, 훌륭한 인프라 등으로 '리틀 차이나'로 불리며 눈부신 발전을 거듭하고 있다. 개혁개방은 빈사상태를 헤매던 사회주의에 제3의 길을 제시한 중국의 최대 아이디어 상품인 것이다.

개혁개방이 페레스트로이카와 다른 것은 개혁개방은 경제를 먼저 발전시키고 나중에 정치체제를 개혁하자는 것인데 비해 페레스트로이카는 정치체제를 일단 개혁한 다음 경제를 발전시킨다는 것이었다. 경제발전 없이 정치적 개혁만 추구한 페레스트로이카는 소연방 붕괴를 야기했지만 선경제발전 후 정치개혁을 채택한 중국은 아직까지 체제위기 없이 순항하고 있다.

소강론

혹묘백묘론 이후 발전 논리를 뒷받침하는 이데올로기가 이른바 '소강론小康論'이다. 소강론의 요지는 현재의 발전 수준을 유지해 2020년까지 개인소득 4000달러, 국내총생산 5조 달러 규모의 소강사회를 건설하는 것이다. 소강사회만 달성해도 중국은 일본을 제치고 세계 제2의 경제대국이 된다.

소강은 사서삼경 중 하나인 예기禮記 예운禮運편에 나오는 말로 이상사회인 대동大同세상의 전 단계를 이른다. 스포츠 중계에서 소강상태라는 말이 자주 나온다. 냉전도 열전도 아닌 적당한 평화가 지속되는 상태를 뜻한다. 이를 경제에 대비한다면 큰 부자는 아니지만 그렇다고 가난하지도 않은 상태, 즉 중산층 수준을 얘기한다. 대동세상은 유교가 구현하는 이상적인 사회를 일컫는다. 모든 사람이 잘살고 평등한 세상이다. 중국이 대동사회를 달성한다면 미국을 제치고 세계 제1의 경제대국이 될 것이다.

소강론의 뿌리는 덩샤오핑이 생전에 제시한 '삼보주론三步走論'이다. 삼보주론은 3단계 발전론이다. 1보는 온보(溫飽), 2보는 소강, 3보는 대동이다. 1보인 온보는 기본적인 의식주를 해결하는 수준이고, 2보인 소강은 생활수준을 중류 이상으로 끌어올리는 수준이며, 3보인 대동은 현대화를 실현해 모두 평등하게 잘사는 것이다. 서구식 표현을 빌자면 온보는 개발도상국, 소강은 중진국, 대동은 선진국을 의미한다.

덩샤오핑은 삼보주론의 구체적인 수치와 기간도 제시했다. 온보 단계는 1979년부터 1999년까지로 개인소득 800-900달러, GDP 1조 달러를 돌파하는 것이다. 소강 단계는 2000년부터 2020년까지 개인소득 4000달러, GDP 5조 달러를 달성하는 것이다. 대동 단계는 개인소득 1만 달러 이상의 선진사회를 구현하는 것이다.

덩의 목표는 이미 현실화되고 있다. 1998년 중국의 GDP는 1조 195억 달러를 기록, 최초로 1조 달러를 돌파했다. 덩이 제시한 1999년보다 1년 앞서 목표를 달성한 셈이다. 소강 단계의 목표도 무난히 달성할 전망이다. 2006년 현재 중국의 GDP는 2조7000억 달러다. 전문가들은 중국이 이미 발전궤도에 진입해 GDP 증가 속도가 더욱 빨라지고 있고, 위안화도 절상되고 있어 2015년이면 중국의 GDP가 5조 달러를 돌파할 것으로 전망하고 있다. 세계최고의 투자은행인 골드만삭스는 중국의 GDP가 2015년이면 5조5390억 달러를 기록할 것이라고 예상했다. 당초 목표보다 5년 앞당겨 소강 단계를 달성할 가능성이 크다.

덩샤오핑은 대동은 이상적인 단계이기 때문에 마감시간과 구체적인 목표치를 제시하지 않았다. 그러나 전문가들은 늦어도 2040년까지는 중국이 선진사회에 진입할 것으로 보고 있다. 골드만삭스는 2040년이면 중국의 GDP가 미국을 제치고 세계 최고의 경제대국이 될 것이라고 전망했다. 골드만삭스는 중국의 GDP가 2040년 29조4080억 달러에 달할 것이라고 예상했다. 이에 비해 2040년 미국의 GDP는 29조1660억 달러에 그칠 것으로 전망됐다.

덩샤오핑은 생전에 50년 이후를 대비한 계획을 했고, 그 구상은 놀라울 만큼 정확하게 맞아 떨어지고 있다. 덩샤오핑은 말 그대로 '개혁개방의 총설계사'인 것이다.

현재 중국 지도부는 덩샤오핑의 삼보주론을 이용해 명확한 비전을 제시하고 있다. 온보 단계를 이미 달성한 중국 지도부는 2020년까지 소강사회를 달성, 일본을 제치고, 2050년까지 대동사회를 건설, 미국마저 추월한다는 계획이다.

사회주의 시장경제론

개혁개방을 뒷받침하는 이론이 '사회주의 시장경제론'이다. 중국은 지금 사회주의 초급단계다. 일반적으로 사회주의는 공산주의의 한 단계를 뜻한다. 마르크스에 따르면 공산주의가 낮은 단계와 높은 단계로 나뉘는데, 높은 단계의 공산주의가 일반적으로 이야기하는 공산주의이고, 사회주의는 낮은 단계의 공산주의를 의미한다. 그런데 중국은 사회주의 중에서도 낮은 단계의 사회주의에 있다는 것이다. 이러한 초급단계 사회주의에서 일반적 사회주의 이론을 구현할 수 없기 때문에 부득이하게 자본주의적 요소들, 즉 시장 기제를 도입할 수밖에 없다는 것이 사회주의 시장경제론의 핵심이다.

개혁개방 초기에 덩샤오핑을 중심으로 한 개혁파들은 현

사회주의 단계에서 중국이 당면한 최대의 문제는 생산력 발전
이라고 전제한 뒤 생산력 증강에 기여할 수 있는 것만이 진정
한 마르크시즘이라고 강조했다. 이에 따라 생산력 증강과 경
제발전을 위해서는 자본주의와 시장경제적 요소도 적극적으
로 수용할 수 있다는 논리가 개발되었으며, 경제발전을 적극
적으로 추진할 수 있게 됐다.

이처럼 경제발전과 현대화를 추진하는 과정에서 시장의 기
능을 도입해 기존의 계획경제체제를 개혁하기 위해 개혁파들
은 1980년대에 '사회주의 초급단계론'과 '사회주의 시장경제
론'을 제시했다. 이후 사회주의 시장경제론은 1992년 공산당
의 정식 강령으로 채택됐다. 사회주의 시장경제론을 한마디로
요약하면 정치는 사회주의인데 경제는 자본주의라는 것이다.

중국은 명목상 사회주의 국가지만 여느 자본주의 국가보다
더욱 자본주의적인 나라다. 외자유치를 위해서라면 무엇이든
하는 공무원들, 부자를 인정하는 사회적 분위기 등, 오히려 중
국은 한국보다 더 자본주의적이다. 중국은 최근 사유재산을
인정하는 물권법까지 도입해 중국이 사회주의란 사실을 무색
케 했다. 중국은 껍데기만 사회주의이지 속은 완벽한 자본주
의 국가인 것이다.

진정한 사회주의 국가는 1991년 구소련의 몰락과 함께 지
구상에서 사라졌다. 사회주의 앞에 수식어가 붙은 것은 이미
사회주의가 아니라는 증거다. 북한의 사회주의를 봉건적 또는
유교적 사회주의라고 한다. 북한은 정통 사회주의가 아니라는

말이다. 중국도 중국의 사회주의를 '유중국특색적 사회주의(有中國特色的 社會主義)'라고 부른다. 직역하면 '중국적 특색이 있는 사회주의'이고, 의역하면 그냥 '중국적 사회주의'다. 중국도 이미 정통 사회주의가 아니란 말이다.

마치 민주주의 앞에 수식어가 붙으면 민주주의가 아닌 것과 같다. 박정희 대통령 시절 '한국적 민주주의'라는 말이 유행했다. 유신 독재를 합리화하는 구호였을 뿐 민주주의와는 거리가 멀었다. 오히려 민주주의의 반대말이었다.

지도력의 위기와 극복

천안문 사태

개혁개방 이후 중국의 경제 성장률은 10%를 넘으며 초고속 성장을 지속했다. 특히 1988년에는 14%라는 경이적 성장률을 달성했다. 대망의 1989년이 밝았다. 1989년은 중국인민공화국 창설 40주년이자 덩샤오핑이 85세가 되는 해였다. 폭풍전야의 고요였을까. 1989년은 여느 때처럼 평화롭기만 했다. 모든 것이 잘 굴러가고 있었다. 덩샤오핑의 인생도 절정기를 맞는 듯했다. 그러나 달이 차면 기울 듯 덩의 정치역정에서 가장 큰 오점으로 남는 천안문 사건이 터졌다.

당시 중국경제는 더할 나위 없이 좋았다. 하지만 급속한 개혁개방의 부작용으로 인플레이션 압력이 서서히 높아지고 있었다. 여기에 기름을 부은 것이 가격자유화 조치였다. 1988년 개혁개방의 성과에 자신감을 얻은 자오쯔양이 심혈을 기울여 추진한 가격자유화는 그렇지 않아도 인플레이션 압력이 높은데, 물가상승에 기름을 부은 격이었다. 1년 동안 중국의 물가는 50%나 급등했다. 1988년 여름이 끝날 무렵 공포에 질린 인민들의 사재기 열풍은 베이징을 넘어 상하이 등 다른 도시로 확산됐다. 조그마한 불씨라도 붙으면 곧 불이 활활 타오를 기세였다.

이 같은 경제적 분위기에 1989년은 국제적으로 세계 인권선언 40주년, 프랑스대혁명 200주년, 국내적으로 5.4운동 70주년을 맞는 해였다. 이러한 사회적 분위기는 인민의 민주화 요구를 분출시켰다.

1989년 1월 6일에 유명한 반체제 물리학자인 팡리즈(方勵之)는 덩샤오핑에게 10년 전에 체포된 정치범 웨이징성(魏京生)의 특별사면과 모든 정치범의 석방을 촉구하는 편지를 보냈다. 팡리즈의 행동에 자극받은 젊은 지식인 33명은 2월 13일 중공 중앙에 민주화를 요구하는 공개서신을 보냈다. 물론 공개서신은 중국 정부의 언론 통제 정책 때문에 국내에는 공개되지 않았다. 그러나 서양의 통신사는 이를 신속하게 보도해 공개서한의 내용은 국내에도 빠르게 확산됐다. 이들의 행동은 해외의 중국인들의 많은 지지를 받았고, 국내의 과학자들 42명이 33명의 공개서신에 동참했다.

한편 중국 공산당은 이해 3월 14일 국무원 대변인을 통해 중국에 정치범이 없다고 공식 발표하고, 19일에 전국인민대표자대회(전인대) 대변인은 앞으로 소집될 전인대에서 정치범 문제는 토론하지 않을 것이라고 밝혔다. 리펑 총리도 4월 2일에 내외신 기자회견을 하는 자리에서 외국인들이 인권이란 구실로 중국의 내정에 간섭한다고 강하게 비판했다.

후야오방 사망

민주화 요구가 점증하고 있는 가운데, 1989년 4월 8일에 중남해에서 소집된 공산당 중앙정치국회의에 참가한 후야오방이 갑자기 심장병으로 쓰러져 결국 4월 15일에 세상을 떠났다. 후야오방은 1987년의 학생들의 민주화 요구 시위로 인해 물러났기 때문에 억울하게 숙청되었다고 일반인들은 생각하고 있었다. 그래서 그의 갑작스러운 죽음은 사람들에게서 연민의 정을 자아내게 했다. 인민들은 중공 중앙이 후야오방에게 공정한 평가를 내려주어야 한다고 요구하기 시작했다.

민주화와 공산당의 부정부패 일소를 주장하며 1987년 천안문 시위에 참가한 베이징대 학생들은 그들의 시위로 후야오방이 실각했기 때문에 후야오방에게 일종의 부채의식을 갖고 있었다. 당시 리펑을 필두로 한 보수파들은 학생들의 시위는 개혁개방의 부작용이라며 개혁개방에 제동을 걸고 나왔다. 보수파들은 개혁파의 상징인 후야오방을 겨냥했으며, 덩샤오핑 또한 보수파들과 타협하기 위해 후야오방의 실각을 용인할 수밖에 없었다. 후야오방 총서기가 물러나자 자오쯔양이 그 뒤를 이었다.

이러한 역사적 배경이 있기에 베이징 학생들은 1989년 4월 17일부터 후야오방을 애도하는 시위에 돌입했다. 4월 18일 학생들은 천안문 광장과 중남해의 신화문 앞에 모여 중공 중앙에 후야오방의 공과를 재평가할 것, 고급 간부의 재산을 공개할 것, 후야오방의 애도활동을 객관적으로 보도할 것 등을 요구했다.

4월 20일 이후에는 전국의 각 도시에서 학생들이 시위를 벌이기 시작했다. 4월 21일에 천안문 광장에는 학생과 시민 1만여 명이 모였고, 베이징의 학생들은 자치단체인 베이징 대학임시행동위원회 등을 조직해 스스로 질서를 유지하면서 당국에 진압할 구실을 주지 않으려고 노력했다.

4월 22일 후야오방의 장례식은 예정대로 진행됐다. 장례식이 열린 인민대회당 밖에는 20만 명의 시위군중이 모였으나 학생들의 자치조직으로 질서가 유지돼 무장 경찰과 충돌하지는 않았다. 그리고 추도식이 끝나자 학생들은 학교 단위로 광장을 떠났다.

그러나 베이징 이외의 도시는 사정이 달랐다. 22일 저녁에 시안(西安)에서는 자동차에 불을 지르고 성省 정부를 습격하고 검찰청과 법원에 방화하는 소요사태가 발생했다. 후야오방의 장례 이후 전국의 학생운동은 민주화운동이 아니라 정치운동으로 전환됐다. 이전까지 이들은 공산당 고급 간부의 부패, 민주화 등을 요구했을 뿐 개혁개방 자체에는 반대하지 않았다. 오히려 중공 중앙에 개혁개방 노선을 견지할 것을 요구했다. 그러나 후야오방의 장례식 이후 학생운동은 순수한 민주화운동이 아닌 정치투쟁으로 진화해 갔다. 덩샤오핑의 하야와 공산당 타도를 외치는 구호가 등장하기 시작했다.

시위는 요원의 불길처럼 전국으로 퍼졌고, 천안문 광장에는 수많은 시위대가 몰려들었다. 특히 학생들은 5월 13일부터 베이징대학과 베이징사범대학 학생들을 중심으로 천안문 광장에서 단식농성에 들어갔다.

고르바초프의 등장

5월 15일 소련의 고르바초프 대통령이 중소 정상회담을 위해 베이징에 도착했으나 17일 발생한 100만 명이 넘는 대규모 시위로 일정을 변경해야만 하는 사태가 발생했다. 이 사건은 당시 중소 정상회담 취재차 입국한 외국 기자들에 의해 즉각 전 세계로 타전됐으며, 미국을 비롯한 유럽 여러 나라는 '베이징의 봄'이란 제하의 기사를 쓰며 민주화 세력을 응원했다.

고르바초프의 방문은 국제정치사에서 1972년 닉슨의 중국 방문에 버금가는 획기적인 사건이었음에도 천안문 사태의 조연 역할밖에 못했다. 천안문 사태와 관련된 여러 세력들이 고르바초프의 방문을 자신들의 입장을 선전하는 수단으로 이용했다. 학생들은 중소 정상회담을 취재하기 위해 몰려든 전 세계 언론에 민주화운동을 선전하는 한편 세계의 언론이 주시하기 때문에 공산당이 무력진압을 못할 것이라고 생각했다.

당시 시위는 조기에 충분히 진압할 수 있었다. 개혁개방을 지지하는 개혁파와 보수파의 대립이 시위를 키운 측면이 컸다. 개혁파는 민주화를 요구하는 시위대를 우군으로 삼아 개혁을 더욱 요구할 생각이었고, 보수파는 이 시위를 이용해 개혁파를 공격할 빌미를 찾고 있었다. 개혁파는 개혁파대로 보수파는 보수파대로 시위를 방기한 것이다. 보수파의 우두머리인 리펑은 학생들이 자오쯔양의 자유주의 노선을 조롱하는 것이라며 희희낙락했고, 개혁파의 좌장인 자오쯔양은 시위가 리펑을 공격하는 것이라며 쾌재를 부르고 있었다. 서로 아전인수 격으로 해석하고 있는 사이에 시위는 걷잡을 수 없이 번졌고, 급기야 "덩샤오핑 하야" "공산당 타도"라는 구호까지 등장했다.

당시 덩의 입장은 단호했다. 경제발전을 위해서는 가장 중요한 것이 정치적 안정이기 때문에 공산당 일당독재가 흔들려선 결코 안 된다는 것이었다. 덩샤오핑에게 경제개발과 공산당 일당독재는 결코 포기할 수 없는 명제였다. 그는 흰 고양이건 검은 고양이건 쥐만 잘 잡으면 된다는 이야기를 할 정도로 유연한 사고를 했지만 자오쯔양처럼 시위에 동조하지 않았다. 오히려 시위대를 탱크로 짓밟아버릴 정도의 강심장을 가지고 있었다. 더욱이 덩은 학생 시위에 체질적인 반감을 가지고 있었다. 문화혁명 당시 그는 홍위병이라고 불리는 학생들에게 봉변을 당해야 했고, 특히 그의 큰아들은 홍위병들의 고문에 못 이겨 투신해 반신불수가 됐다. 결국 그는 무력진압을 명령했고, 그 때문에 서방세계와 중국 민주화 그룹에서 마오쩌둥보다 더한 독재자라는 비판을 받아야 했다.

덩은 5월 17일 공산당 최고의 의사결정기구인 정치국 상무위원 5명을 자신의 집으로 불렀다. 그는 이 자리에서 계엄령 선포 여부를 5명이 투표해 결정하라고 했다. 당시 덩의 집에 모인 사람은 자오쯔양, 리펑, 후치리, 차오스, 야오린이었다. 자오쯔양 혼자만 계엄령에 반대했고, 리펑과 야오린은 찬성했다. 나머지 두 명은 기권했다. 보수파인 리펑 진영의 승리였다.

리펑의 승리

주도권을 쥔 리펑은 학생들의 시위를 난동으로 규정하고 베이징시에 계엄령을 선포했다. 학생들의 요구에 유연한 대응을 보이던 자오쯔양은 덩의 집에서 열렸던 회의에 참석한 직후 천안문 광장으로 달려가 학생들에게 "내가 너무 늦게 왔다"며 눈시울을 붉혔다. 자오쯔양은 이 사건을 계기로 역사의 무대 뒤편으로 사라졌으며, 이후 다시 복권되지 않았다.

실권을 쥔 리펑 일파는 6월 3일 밤 인민해방군 27군을 동원해 천안문 광장의 시위 군중을 무차별 살상한 끝에 6월 4일 완전히 굴복시켰다. 중국 정부는 시민과 계엄군의 충돌로 학생 36명을 포함한 319명이 사망하고, 민간인 부상자가 3000명, 계엄군 측 부상자 6000명이라고 공식 발표했다. 그러나 이 숫자를 믿는 사람은 아무도 없었다.

천안문 사건은 마오의 문화혁명처럼 덩샤오핑의 업적에 치명적인 오점을 남겼다. 그는 인민해방군을 동원해 인민을 살상함으로써 중국 공산당의 위대한 전통을 스스로 무너뜨렸다. 인민과 인민해방군의 관계는 마오쩌둥이 설파했듯 물과 물고기의 관계다. 물(인민)이 없으면 물고기(인민해방군)는 살 수 없듯 인민해방군은 인민을 떠나 존재할 수 없다. 그럼에도 덩은 인민해방군을 동원해 인민을 살상했다. 이는 개혁개방이라는 덩의 빛나는 업적을 결정적으로 훼손하는 것이었다. 그럼에도 덩이 강경진압을 선택한 이유는 공산당 정권 유지가 무엇보다 중요했기 때문이다. 그는 경제발전을 위해 자본주의적 요소를 도입했을 뿐 공산당 일당독재를 고집하는 철저한 공산주의자였다. 그는 평생 동안 경제발전과 공산당 일당독재를 위해 수정치 방경제收政治 放經濟(정치는 조이고 경제는 푼다), 좌정치 우경제左政治 右經濟(정치는 좌파 경제는 우파), 경정치 연경제硬政治 軟經濟(정치는 딱딱하게 경제는 부드럽게)를 좌우명으로 삼았다.

천안문 사건 이후 서방은 정치범의 석방 등 중국의 민주화를 요구하며 중국에 대한 투자를 일시에 중단했다. 외국인 직접 투자는 거의 제로로 급락했고, 1988년 14%였던 경제성장률은 1989년 8.4%로 급락했다. 서방세계는 천안문 사태를 무력으로 진압한 중국에 대한 항의 표시로 티베트 독립운동의 지도자인 달라이 라마에게 노벨 평화상을 수여하는 등 다각도로 중국을 압박했다.

덩샤오핑의 입장에서 초조할 만도 했지만 그는 전혀 동요

하지 않았다. 오히려 의연했다. 그는 나무랄 데 없는 인프라와 싼값의 노동력이란 단물을 서방의 자본이 결코 포기하지 않을 것이란 사실을 간파하고 있었다. 실제로 2~3년 후 서방의 자본들은 다시 중국으로 돌아왔다. 서구의 자본이 포기하기에는 중국은 너무 크고 기름진 고깃덩어리였다.

장쩌민의 어부지리

천안문 사건으로 가장 이익을 본 인물은 장쩌민(江澤民)이었다. 후야오방 실각 이후 자오쯔양은 확실한 덩의 후계자였지만 천안문 사건 당시 보여준 우유부단함이 덩을 실망시켰다. 덩샤오핑은 상하이 출신인 장쩌민을 발탁했다. 장쩌민은 화궈펑과 같은 존재였다. 마오쩌둥은 화궈펑을 발탁할 때, "지나치게 영리하지 않지만 그렇다고 지나치게 우둔하지도 않다"는 인물평을 했다. 장쩌민도 지나치게 영리하지도 지나치게 우둔하지도 않은 무색무취한 인물이었다. 이 때문에 개혁파와 보수파 사이에서 어부지리를 할 수 있었다.

사실 장쩌민은 시골뜨기였다. 1970년대 화궈펑이 그랬듯이 중앙 정치무대에서 장쩌민도 곧 조롱의 대상이 됐다. 외국 정상을 만날 때 그가 보여준 행동은 세련과는 거리가 멀었다. 특히 소련 유학경험이 있는 장쩌민이 조금씩이나마 수개국어를 한다는 사실은 통역에게 도움이 아니라 재앙이었다. 장쩌민은 러시아 사람에게 러시아어를, 미국 사람에겐 영어를 지껄였지만 정작 상대편은 전혀 알아듣지 못했다. 외빈들은 장쩌민이 중국어로 말한다고 생각했고, 중국인들은 그가 외국어를 한다고 생각했다. 심지어 그는 중국을 방문한 미국 외교 사절단 앞에서 링컨의 게티스버그 연설(Gettysburg Address; of the people, by the people, for the people이 나오는 명연설)을 외운답시고 몇 분씩 외교사절단의 진을 빼놓곤 했다.

그러나 장쩌민은 운 좋게도 화궈펑의 전철을 밟지 않았다. 화궈펑은 마오쩌둥이 금방 죽어 방패막이가 없었지만 덩샤오핑은 장쩌민의 체제가 안정될 때까지 오랫동안 살아주었다. 말년에 덩은 개혁개방 정책이 자신의 사후에도 계속될 수 있도록 하는 것이 가장 큰 관심사였다. 그는 장쩌민이 좋아서가 아니라 자신의 개혁개방 노선이 바뀌지 않길 바랐기 때문에 장을 돌보아주었다.

덩은 심지어 장쩌민을 위해 일단의 당 간부와 군 지도부에게 대놓고 경고하기도 했다. "장쩌민 지도부에 대해 불평하지 마라. 속물처럼 굴지 말고 확신을 지니며, 절대 장쩌민 지도부에 대항하려 하지 마라. 장쩌민 체제는 앞으로 적어도 10년 동안 유지될 것이다"라고 말했다.

덩은 천안문 사태 후 5개월 만에 모든 공직에서 사퇴했다. 1989년 11월 9일 공산당 중앙이 덩샤오핑의 은퇴를 승인함으로써 그는 자연인으로 돌아갔다. 중앙군사위 주석직도 포기했다. 중국의 정치서열은 중앙당 총서기, 국가 주석, 국무원 총리 순이다. 당이 군과 정보다 우위이기 때문에 총서기가 가장 서열이 높다. 그러나 실질적인 서열 1위는 군대를 움직일 수

있는 공산당 중앙군사위 주석 자리다. "권력은 총구에서 나온
다"는 마오쩌둥의 말대로 중앙군사위 주석직은 덩샤오핑이 끝
까지 지킨 자리였다. 그러나 덩은 천안문 사태에 대한 책임을
지고 중앙군사위 주석 자리도 장쩌민에게 넘기고 무관의 제왕
으로 돌아갔다.

덩은 장쩌민, 리펑, 주룽지 트로이카 체제를 확립해 놓고 평
범한 늙은이로 돌아갔으나 최종결정권은 여전히 그에게 있었
다. 그리고 외국 정상들도 덩샤오핑을 만나야 정상회담이 이
뤄졌다고 생각했다. 1990년 중국을 처음 방문한 일본 자민당
의 막후 실력자 가네마루 신(金丸信)은 "나는 일본의 덩샤오핑
이오. 덩샤오핑을 만나지 못하면 일본에 돌아가지 않겠소"라
고 말했다. 당시 덩은 동북지역을 시찰하고 있었다. 가네마루
신은 "다른 곳에서 만날 수도 있소. 만약 덩샤오핑을 만나지
못한다면 밥도 먹지 않을 것이오"라고까지 했다. 중국 정부는
대타로 저우언라이의 미망인인 덩잉차오를 만나게 해 주겠다
고 했다. 가네마루 신은 "좋소. 아무튼 덩씨니까"라며 입장을
누그러뜨렸다.

이 시기 덩샤오핑의 리더십은 더할 나위 없이 완숙한 경지
에 이르렀다. 아무런 직책이 없었지만 그 어떤 것도 그의 허락
이 없으면 안됐다. 그의 리더십과 정치 감각은 '노화순청爐火
純靑'의 경지에 접어들었다. 노화순청은 난로의 불이 파랗게
타오르는 경지로 예술이나 기예가 최고에 이르렀음을 뜻하는
사자성어다.

남순강화

형식상 최고가 된 장쩌민은 보수파와 개혁파 사이에서 헤매고 있었다. 덩샤오핑은 이런 장쩌민을 깨우치기 위해 제2의 개혁개방이라고 할 수 있는 그 유명한 남순강화南巡講話를 시작한다. 남순강화는 덩샤오핑이 남방을 순회하면서 개혁개방을 촉구한 일련의 연설이라는 뜻이다. 그는 남순강화를 통해 천안문 사태로 다소 소강국면에 접어든 개혁개방에 다시 박차를 가했다.

1992년 덩샤오핑은 천안문 사태 이후 발언권이 커진 보수파들을 견제하기 위해 88세의 노구를 이끌고 남부지방 순시에 나섰다. 그는 남부지방을 돌며 다시 한 번 개혁개방을 외쳤다. 그는 1992년 설날인 1월 20일부터 21일까지 선전과 주하이 경제특구를 방문했다. 그리고 이렇게 말했다.

"개혁개방 정책을 수행할 때 우리가 우려해야 할 것은 다급함이 아니라 주저함이다. 국가는 이 정책이 필요하고 인민은 이것을 좋아한다. 누구든 개혁개방 정책에 반대하는 자는 바로 물러나야 한다."

덩의 남순강화 이후 중국의 경제는 또 다시 고속성장 궤도에 진입했다. 1989년 8.4%까지 떨어진 성장률이 1992년 12.5%, 1993년 13.8%로 급등했다. 천안문 사태 당시 마오보다 더한 독재자라는 비난을 받은 덩샤오핑은 다시 구국의 영웅으로 최고의 전성기를 맞이했다. 덩의 마술이 펼쳐진 셈이다. 그는 서방 자본이 중국을 결코 포기할 수 없다는 사실을 간파하고 자신의 페이스대로 정국을 이끌고 간 명민한 인물이다. 중국이 다시 초고속 성장기에 접어들자 국민들은 태평성대를 만끽하고 '등비어천가'를 불렀다.

천안문 사태가 발발한지 20년이 다 되어간다. 그러나 중국의 민주화운동은 더 이상 진화하지 않고 있다. 매년 6월 4일이 되면 홍콩 등지에서 '물망육사勿忘六四(6월 4일을 잊지 말자)' 등의 표어를 들고 민주화를 촉구하는 시위가 소규모로 일어날 뿐이다. 중국 인민들도 중국의 민주화가 요원하다는 사실을 알고 있다. 공산당 일당독재의 부정부패가 심하다는 것도 잘 알고 있다. 그러나 참고 있다. 어제보다 오늘이 좋고 오늘보다 내일이 좋을 것이라는 믿음이 있기 때문이다. 마치 1970년대 유신시절 박정희 대통령 정권이 독재를 했지만 하루가 다르게 생활이 좋아졌기 때문에 독재를 암묵적으로 용인한 것과 비슷하다.

일국양제

홍콩반환 역시 개혁개방만큼이나 중요한 덩의 업적이다. 아편전쟁으로 영국 제국주의에 빼앗겼던 땅을 되찾아 중국인들의 자존심을 한껏 고양해 주었기 때문이다. 홍콩반환은 일국양제를 처음으로 적용한 사례로 일국양제 또한 덩샤오핑의 유연한 발상의 전형이다. 그는 통일만 된다면 홍콩이 자본주의든 사회주의든 상관치 않았다. 경제발전만 이룰 수 있다면 자본주의든 사회주의든 상관치 않았던 흑묘백묘론과 같은 맥락이다. 그래서 일부에서는 일국양제를 흑묘백묘론의 정치적 응용이라고 평가한다.

덩은 난징조약(1840~1842년 아편전쟁에서 청나라가 패배한 이후 영국정부와 체결한 조약으로 향후 155년 동안 영국이 홍콩의 주권을 행사키로 함)으로 빼앗긴 홍콩의 할양 만료 기간이 다가오자 일국양제라는 탁월한 아이디어를 내놓아 홍콩의 중국 회귀(영국 입장에서는 반환(hand-over)이지만 중국 입장에서는 회귀(回歸)다)를 자연스럽게 이끌었다.

일국양제一國兩制는 한 국가이지만 체제는 두 개라는 뜻으로 영어로는 'One country, Two systems'로 번역된다. 홍콩의 경우 1997년 중국으로 귀속되지만 자본주의 체제를 향후 50년간 그대로 유지한다는 것이다. 이 같은 조치로 국제 자본은 홍콩을 떠나지 않았고 반환 후에도 홍콩은 아시아 자본시장의 심장 역할을 그대로 수행하고 있다. 덩은 경제발전에 도움이 된다면 홍콩이 자본주의를 계속해도 문제가 되지 않는다고 생각했다. 주권만 회수하면 홍콩이 자본주의를 하든 사회주의를 하든 상관치 않은 것이다.

그의 선견지명은 그대로 맞아 떨어지고 있다. 영국이 홍콩을 반환하는 날은 1997년 7월 1일이었다. 조차 기간 만료가 가까워 오자 중국과 영국은 이에 대한 회담을 했다. 덩샤오핑과 마가렛 대처 영국 총리의 조우는 세계 외교사에 기록될 사건이었다. 협상에 진척이 없자 영국 쪽은 차라리 홍콩을 빨리 가져가라고 엄포를 놓았다. 사실 중국은 홍콩을 해방시킬 충분한 군사력이 있었다. 그러나 덩은 결코 서두르지 않았다. 오히려 선전이 홍콩만큼 발전할 때까지 기다렸다.

덩이 선전을 특구로 지정한 때가 1979년. 이후 약 20년이 지난 뒤에야 홍콩을 받아들인 것이다. 만약 홍콩을 빨리 받아들였다면 대륙의 인구가 모두 기회의 땅, 홍콩으로 몰려가 홍콩의 도시기능이 마비됐을 것이다. 만약 지금 당장 남북한이 통일이 된다면 북한의 경제 난민들이 서울로 몰려들어 서울의 도시기능이 마비될 것이다.

그러나 선전을 키움으로서 홍콩이 반환됐지만 홍콩으로 몰려가는 중국인은 거의 없었다. 선전도 홍콩만큼 발전했기 때문이다. 오히려 반환 이후 홍콩 사람들이 선전으로 몰려갔다. 집값과 생필품 값이 싸기 때문이다. 홍콩 사람들은 선전에 집을 두고 홍콩으로 출퇴근 하는 경우가 많다. 선전이 홍콩의 베드타운으로 거듭난 것이다. 홍콩에 사는 사람들도 주말에는 선전으로 몰려가 쇼핑을 하고 홍콩으로 돌아가곤 한다.

원래 일국양제는 홍콩이 아니라 대만을 겨냥한 것이었다. 일국양제 아이디어는 1983년 처음 나왔다. 1983년 6월 26일 덩은 미국 뉴저지 주의 세턴 홀Seton Hall 대학교에서 교수를 하고 있는 타이완 출신 윌리엄 양(양리위(楊力宇))을 접견하고 일국양제 아이디어를 처음 세상에 내놓았다.

덩은 "문제의 핵심은 국가 통일이며 다른 것은 부수적일 뿐"이라고 말했다. 또한 통일이 되고 나면 타이완은 향후 50년 동안 기존의 사회 및 경제체제는 물론 정부와 군대까지 그대로 유지하게 될 것이라고 덧붙였다. 덩은 중국이 원하는 것은 국민당 정권이 만든 중화민국(Republic of China)이란 나라 이름을 중화인민공화국(People's Republic of China)으로 바꾸는 것뿐이라고 설명했다.

이후 덩은 로널드 레이건 미국 대통령, 마가렛 대처 영국 총리 등 세계의 주요 정치리더를 만날 때마다 일국양제의 개념을 선전했다. 타이완은 또 다른 통일전선 전술이라며 콧방귀를 뀌었지만 조차 만료 기간이 다가오는 영국은 민감하게 반응했다. 홍콩에 대한 영국의 조차는 1997년 끝나므로 영국은 홍콩의 미래 지위에 대해 중국 측의 양해를 받아야 했다.

홍콩에 대한 영국과 중국의 공식협상은 1982년 9월 대처 총리의 첫 중국방문을 계기로 시작됐고, 1984년 12월 대처 총리가 두 번째 방문해 자오쯔양 총리와 합동성명서에 서명함으로써 타결을 보았다.

철의 여인 대처와 담판

당시 '철의 여인' 대처와 덩샤오핑의 담판은 세계 외교가에서 지금도 회자되는 사건이다. 냉전투사인 '철의 여인' 대처와 면리장침棉裏藏針(마오쩌둥이 덩샤오핑을 두고 한 말로 솜 속에 침을 숨기고 있다는 뜻, 즉 외유내강의 전형인 덩의 담판은 세계 외교사에 절묘한 일 막을 장식했다. 대처는 기세등등한 자세로 홍콩을 영국에 조차한 난징조약이 유효하다고 주장했다. 중화인민공화국은 청조를 계승했기 때문에 청조가 맺은 조약은 지금도 유효하다는 것이었다. 그러나 덩은 일언지하에 이를 거절했다. 홍콩은 엄연한 중국 땅이며, 홍콩 반환과 관련해 어떠한 협상의 여지도 없다고 못을 박았다.

그러자 대처는 주권을 관리권으로 바꾸자는 제안을 했다. 홍콩의 주권은 중국이 행사하지만 관리는 영국이 한다는 것이었다. 이에 덩은 "홍콩의 번영은 중국 때문도 아니고 영국 때문도 아니다. 홍콩은 홍콩인들의 노력에 의해 번영을 구가하고 있다"며 "중국이 주권을 회수해도 홍콩은 홍콩인들이 다스려야 한다"고 대처의 제안을 일축했다.

대처 총리는 덩의 이같이 완강한 태도에 매우 실망했다. 대처는 회담이 끝난 뒤 계단을 내려가다 그만 넘어지고 말았다. 전 세계 언론은 대처의 실족 순간을 대서특필했다. 한없이 부드러운 덩이 강철보다 단단한 대처에게 판정승을 거두는 장면이었다. 연한 혀가 단단한 이보다 오래 간다는 중국 속담이 증명되는 순간이었다.

1997년 홍콩 반환에 이어 1999년 마카오도 중국에 반환돼 이제 남은 것은 타이완뿐이다. 중국 공산당 미완의 과업이 조국통일 완수다. 이제 타이완만 통일하면 중국은 완전통일을 이룰 수 있다. 일국양제는 타이완 통일에도 적용되는 원칙으로 덩샤오핑은 경제개발과 함께 중국 통일의 원칙을 마련해 놓고 간 것이다.

덩샤오핑의 말년 소원이 홍콩이 반환된 이후 홍콩 땅을 직접 밟아보는 것이었다. 늘그막에 그는 휠체어를 타고서라도 반환 후 홍콩을 꼭 가보고 싶다고 입버릇처럼 말했다고 한다. 그러나 그는 홍콩 반환을 눈앞에 둔 1997년 2월 19일 93세의 나이로 영면했다.

여전히 계속되는 덩샤오핑의 지도력

유훈통치

덩은 갔지만 개혁개방은 지금도 계속되고 있다. 아니 더욱 강화되고 있다. 중국 공산당은 물권법을 도입해 사유재산을 보호하는 단계에 진입했다.

중국 공산당은 2006년 파산법을 통과시킨 데 이어 2007년 사유재산을 인정하는 물권법을 도입했다. 기존의 파산법은 기업이 부도가 났을 때 노동자들의 임금을 먼저 변제한 뒤 채권자가 나머지를 가져갔으나 개정 파산법은 노동자들의 임금보다 채권자의 권리를 우선토록 했다. 명색이 사회주의 국가가 노동자들보다 자본가들의 권리를 우선하는 법을 제정한 것이다.

더 나아가 사유재산도 인정하는 물권법까지 도입했다. 중국 공산당은 2007년 전인대에서 자본주의 민법제도의 핵심인 물권법을 통과시켰다. 사유재산을 국·공유 재산과 똑같이 보호하겠다는 것이다. 중국이 자본주의 시장경제로 전환을 마무리했다는 선언이라고 해도 과언이 아니다. 2006년에는 공산당 지도부가 법안을 상정하려 하자 좌파들이 "사회주의체제의 근본을 위협한다"며 격렬히 막아 보류됐다. 곡절 끝에 물권법은 2007년 전인대에서 97% 찬성을 얻어 통과됐다. 강경파도 대세를 거스르지 못한 것이다.

물권법의 가장 큰 의의는 토지사용권 시한의 연장이다. 모든 토지가 국유인 중국은 주택 70년, 공장 50년, 상가 40년씩 사용기간을 정해 개인이 국가에서 빌려 써왔다. 물권법은 이 사용기간이 끝나더라도 자동 연장할 수 있게 했다. 사실상 개인의 토지 소유를 인정하고 '토지 국유'라는 사회주의의 근간을 스스로 허문 것이다. 전인대가 이제 중국이 사회주의냐 자본주의냐하는 논쟁은 끝났으며, 중국은 이제 완벽한 자본주의 국가라고 선언한 셈이다. 덩샤오핑 사후에 개혁개방이 오히려 강화되고 있는 것이다.

정치 분야도 덩샤오핑의 유훈이 계속되고 있다. 덩을 제외하고 중국 지도부 1세대부터 4세대를 모두 관통한 인물은 없다. 그는 기본적으로 마오쩌둥 저우언라이와 혁명을 같이 한 1세대 지도자다. 1세대 지도자군 중 가장 어렸던 그는 자연스럽게 2세대 지도자의 우두머리가 됐다. 2세대의 우두머리였던 그는 생전에 제3세대, 4세대 지도자까지 모두 낙점하고 세상을 떠났다.

덩샤오핑은 후진타오가 티베트 공산당 당서기를 할 때 티베트인들의 독립 요구를 무자비하게 진압한 것을 보고 그를 마음속에 넣어 두었다. 티베트를 점령한 장본인이 덩샤오핑이다. 덩샤오핑은 1949년 해방 이후 서남부를 지배하고 있었다. 그의 서남군은 1950년 10월 인민들을 해방시킨다는 명분 아래 티베트를 점령했다.

후진타오는 1988년 티베트의 당서기로 파견됐다. 중국 공산당이 파견한 티베트의 총독인 셈이다. 천안문 사건이 일어난 1989년 티베트에서도 독립운동이 발생했다. 후진타오는 자신이 직접 철모를 쓰고 시위 현장에 나타나 시위대를 무자비하게 진압했다. 그의 모습은 TV를 통해 베이징에 전해졌고, 덩샤오핑은 그런 그를 눈여겨보아 두었다. 특히 그 해는 6.4 천안문 사건이 터진 해여서 그의 강경 진압은 덩샤오핑의 마음을 더 흡족하게 했을 것이다. 후진타오는 독립운동을 진압한 이후 고산병에 걸려 베이징에 와 있었고, 덩샤오핑은 그를 중공 권력의 핵심인 공산당 정치국 상무위원에 발탁함으로써 일찌감치 장쩌민 이후를 대비케 했다.

덩은 후진타오를 "의젓한 인물"이라고 평가했다. 후진타오가 중앙당 정치국 상무위원에 발탁됐을 때 그의 나이는 49세에 불과했다. 덩샤오핑은 장쩌민을 비롯한 3세대뿐만 아니라 후진타오로 대표되는 4세대까지 진용을 짜놓고 세상을 떠난 것이다.

덩샤오핑 사후 중국은 1인이 지배적인 권력을 행사하지 않고 집단지도체제로 굴러가고 있다. 3세대인 장쩌민호는 장쩌민, 주룽지, 리펑이 트로이카 체제를 이루며 권력을 분점했다. 4세대인 후진타오호도 후진타오와 원자바오, 청찡홍이 권력을 나누어 갖고 있다. 마오쩌둥이나 덩샤오핑같이 압도적인 권위를 행사하는 거물이 없기 때문이다.

따라서 지금도 중국은 덩샤오핑 시대가 지속되고 있다고 봐야 한다. 그의 개혁개방 정책이 더욱 강화되고 있다. 먼저 부자가 되자는 선부론이 골고루 함께 잘살자는 균부론으로 바뀌었지만 본질적인 변화는 아니다. 환경을 먼저 생각하자는 녹묘綠描론도 나오고 있지만 흑묘백묘론의 연장선상에 있다. 녹묘론은 무분별한 개발로 중국의 환경문제가 갈수록 악화되자 이제는 자원과 환경을 고려하는 질적인 성장을 추구해야 한다는 개념이다. 고양이도 단순 성장을 떠나 질적인 성장을 하는 녹색 고양이, 즉 녹묘여야 한다는 것이다. 발전을 위해서 수단과 방법(흑묘든 백묘든)을 가리지 않던 중국이 이제는 지속가능한 개발을 위한 환경(녹묘)을 생각하는 단계에 진입한 것이다.

권력이 아닌 권위로 통치하다

그의 유훈이 계속되는 것은 그가 권력이 아닌 권위로 중국을 통치했기 때문이다. 이는 마오쩌둥 리더십과 확연히 비교되는 대목이다. 마오는 권력으로 중국을 통치해 그가 죽자 문화혁명이 곧바로 끝났지만 덩은 권위로 중국을 통치했기 때문에 사후에도 개혁개방이 계속되고 있다.

마오는 대약진운동의 실패로 당내에서 입지가 크게 축소되자 사인방과 홍위병을 앞세워 문화혁명을 단행해 권력을 되찾고, 이를 바탕으로 중국을 통치했다. 그러나 덩은 1989년 11월 중앙 군사위 주석직에서 물러나 아무런 직책이 없음에도 중국을 통치했다. 그가 권력이 아닌 권위를 빌렸기 때문에 가능한 일이었다.

그가 남긴 또 하나의 유훈이 있다. 바로 '힘을 비축할 때까지 미국에 맞서지 말라'는 것이다. 그는 죽기 전에 공산당 고급간부에게만 열람되는 문서를 통해 이같이 밝혔다.

그는 죽기 오래전부터 이른바 '도광양회'를 외교정책의 근본으로 삼았다. 도광양회韜光養晦는 빛을 감추어 밖에 비치지 않도록 한 뒤 어둠 속에서 은밀히 힘을 기른다는 뜻이다. 약자가 모욕을 참고 견디면서 힘을 갈고 닦을 때 많이 인용된다. 나관중의 소설 '삼국지연의'에서 유비가 조조의 식객 노릇을 할 때 살아남기 위해 일부러 몸을 낮추고 어리석은 사람으로 보이도록 해 경계심을 풀도록 만든 계책이다.

덩샤오핑은 경제는 개혁개방, 외교는 도광양회를 캐치프레이즈로 삼았다. 1949년 중화인민공화국이 출범한 이후 중국은 '기미羈縻'정책을 대외정책의 근간으로 삼아왔다. 기미란 굴레를 씌워 얽맨다는 뜻으로, 주변국을 중국의 세력 범위 안에 묶어두고 통제하는 것을 일컫는다. 그러나 중국은 그동안 초강대국인 미국의 그늘에 가려 국제사회에서 제대로 영향력을 행사하지 못했다. 그래서 덩샤오핑은 개혁개방정책을 취하면서 도광양회를 기미정책을 달성하기 위한 대외정책의 뼈대로 삼았다. 이는 국제적으로 영향력을 행사할 수 있는 경제력이나 국력이 생길 때까지는 침묵을 지키면서 강대국들의 눈치를 살피고, 전술적으로도 협력하는 외교정책을 말한다. 덩은 자신의 외교철학을 20자로 요약했다. 이른바 '덩의 20자 방침'이다. "냉정히 관찰하고, 침착하게 대응하며, 자신을 확고히 하고, 재능을 감추고 때를 기다려야 하며, 능력을 발휘해 성과를 이룩해야 한다(冷靜觀察, 沈着應付 站穩陣脚 韜光養晦, 有所作爲)."

2차 대전 이후 세계를 관통하는 질서가 하나 있다. 미국에 맞서면 망하고, 미국에 협력하면 흥한다는 사실이다. 미국에 맞선 소련 등 동구권은 망했다. 쿠바와 북한은 기아선상을 헤매고 있다. 그러나 한국, 일본 등 미국에 협조한 나라는 국가적 자존심은 좀 상했지만 번영을 구가하고 있다. 중국도 마찬가지다. 중국이 미국에 맞섰을 때는 경제가 붕괴직전이었다. 1950~1960년대 대약진운동, 문화대혁명 때 수천만 명의 중국 인민들이 숨졌다. 그러나 미국과 관계를 정상화한 이후 발전을 거듭하고 있다.

미국은 1972년 당시 최대의 라이벌인 소련을 견제하기 위해 중국과 손을 잡았다. 그 유명한 핑퐁외교를 통해 중국과 미국은 데탕트 시대를 열었다. 중국은 1978년 개혁개방에 나섰고, 1979년 미중 국교정상화 이후 미국은 중국의 상품을 수입해 줌으로써 중국이 쾌속성장 하는 데 결정적 역할을 하고 있다. 미국과 중국은 인권문제를 둘러싸고 가끔씩 가시 돋친 설전을 주고받지만 경제적으로는 환상의 콤비를 이루고 있다. 미국이 중국의 상품을 소화해주고, 중국은 잉여 외환보유액으로 미국의 국채를 사주고 있다. 중국이 없었다면 미국인들이 월마트에서 그렇게 싼값에 물건을 살 수 없었을 것이고, 미국이 중국의 상품을 소화해주지 않았다면 중국은 지금과 같은 고속성장을 할 수 없었을 것이다.

이 같은 협력이 가능한 것은 중국이 미국의 패권을 인정하고 있기 때문이다. 중국은 중국의 발전수준이 미국에 버금갈 때까지 미국의 패권을 인정하는 것을 외교정책의 근간으로 삼고 있다. 빠른 경제 성장을 위해서는 정치 안정이 가장 중요하기 때문이다. 중국이라는 호랑이가 발톱을 감춘 채 미국 앞에 꼬리를 내리고 있는 형국이다.

중국의 이 같은 입장은 1999년 5월 8일 베오그라드 중국 대사관 오폭 사건에서 적나라하게 드러났다. 미국이 유고슬라비아 베오그라드 주재 중국 대사관에 미사일을 발사해 인명피해가 난 사건이다. 미국 측은 오폭이라며 즉각 사과했지만 중국은 대규모 관제데모를 조직해 베이징 주중 미국 대사관 등지에서 격렬한 시위를 벌였다.

그러나 그것으로 끝이었다. 중국 공산당은 당시 이 사건을

'미국이 중국의 신속 대응 능력을 시험해 보기 위해 일부러 도발한 사건'이라고 규정했다. 실제로 중국 대사관은 베오그라드 중심지에서 3킬로미터 떨어진 외곽지역에, 그것도 주위 수백미터 이내에 아무 건물도 없는 개활지에 있었다. 제3자가 보기에도 미국이 오폭이라고 주장하기에는 좀 미심쩍은 부분이 있었다.

그러나 중국은 전국적인 관제데모를 벌인 것으로 사태를 마무리했다. 중국은 더는 미국을 자극하지 않았다. 중국의 신속 대응 능력을 시험해 보기 위해 일으킨 도발이라고 규정해 놓고도 말이다.

당시 중국 공산당 중앙 정치국 상임위원회가 내린 판단은 다음과 같다.

_미국과 나토(NATO)의 오폭설을 확실히 부정하고 미국의 오랜 음모에 의한 것으로 인정한다.
_현재의 대세는 덩샤오핑의 경제 건설을 중심으로 하는 개혁개방노선을 계속해서 추진하는 것이다. 이를 위해서는 정국의 안정과 현행 외교정책을 지키는 것을 기조로 해야 한다.
_미국과의 투쟁은 장기적인 것이고 그 투쟁은 금후 외교 전선에서 나타날 것이다. 중-미 관계에서 중국은 싸우지만 깨뜨리지 않는 것을 원칙으로 한다.

여기서 '싸우지만 깨뜨리지 않는다'는 표현에 주목할 필요가 있다. 현재의 틀을 깨지 않는다는 것은 미국의 패권을 인정한다는 뜻이다. 그러나 중국이 발전을 거듭해 경제력이 미국과 비슷해진다면 상황은 달라질 것이다.

팍스 시니카

실제로 그런 조짐이 보이고 있다. 중국은 개혁개방 이후 연평균 10% 내외의 고속성장을 거듭해 미국을 위협하는 경제대국이 됐다. 2004년 초 원자바오 총리가 경기과열을 막기 위해 긴축정책을 쓰겠다고 하자 미국 증시는 물론 세계 증시가 일제히 급락했다. 이후 세계 금융시장은 중국의 추가 긴축 조치가 있을 때마다 주가가 급락하는 등 중국의 일거수일투족에 민감한 반응을 보이고 있다.

중국은 욱일승천하는데 비해 미국은 제조업 부문의 고전과 쌍둥이 적자에 허덕이고 있다. 제조업은 사실상 몰락했다. 제조업의 간판 격인 자동차는 이미 토요타 등 일본 자동차 업체에게 지존의 자리를 내주었다. 미국 자동차 산업의 상징인 제너럴 모터스(GM)는 위기를 맞고 있으며 포드도 마찬가지다. 이제 미국이 패권을 유지하고 있는 제조업 분야는 우주항공 산업뿐이다. 우주항공 산업은 국방과 직결되기 때문에 미국은 국가적 차원에서 우주항공 산업을 보호하고 있다.

미국의 쌍둥이 적자는 언제 터질지 모를 시한폭탄이다.

2006년 미국은 약 4000억 달러의 재정적자를 기록했다. 경상수지 적자는 사상최대인 7257억 달러였다. 이중 대중 무역적자가 2550억 달러나 된다. 미국의 무역적자 규모는 GDP의 7%에 가깝다. 경상적자가 GDP의 5%만 넘어도 위험수준이다.

이에 비해 중국은 이미 세계 경제의 새로운 성장 엔진으로 부상했다. 2006년 GDP 규모에서 세계 3위에 오른 것은 물론 세계 최대의 외환보유국이 됐다. 중국은 외환보유액의 대부분을 미국 채권에 투자하고 있다. 중국이 일시에 미국의 채권을 팔아 치우면 달러가 급락하고 미국 경제는 붕괴된다. 그러나 중국은 미국의 채권을 팔아 치울 수 없다. 미국의 채권을 처분한다면 달러 약세가 되고 달러가 약세이면 보환보유액을 대부분 달러로 갖고 있는 중국의 외환보유액 가치도 그만큼 줄어든다.

무엇보다 중국이 달러를 처분하지 못하는 것은 달러를 매개로 국제적 분업체계가 구조화돼 있기 때문이다. 대부분 개발도상국들은 소비가 아닌 수출이 경제성장의 원동력이다. 이에 비해 미국은 소비가 경제성장의 원동력이다. 수출의존형인 아시아 국가는 자국의 통화 강세를 바라지 않는다. 자국 통화가 강세를 보이면 수출가가 그 만큼 높아져 가격경쟁력이 떨어지기 때문에 인위적으로 자국통화의 약세를 유도한다. 수출의존도가 높은 중국 등 아시아 각국은 인위적으로 자국 통화를 평가절하하면서 수출을 늘려 고속성장을 하는 전략을 구사하고 있다.

아시아가 생산한 제품을 소비해 주는 곳이 미국이다. 따라서 미국경기가 조금만 안 좋아져도 미국이 아니라 아시아가 아우성이다. 수출이 안 돼 경제성장이 더뎌지기 때문이다. 아시아는 수출로 번 달러를 다시 미국에 빌려주며(미국 채권을 사주며) 미국인의 소비를 부추기고 있다. 세계는 이와 같이 구조적으로 불평등한 상태에 놓여 있다.

이 같은 부조리를 가능케 하는 것이 달러다. 달러를 대신할 기축통화가 있다면 달러를 팔고 다른 기축통화를 사면되지만 달러를 대신할 기축통화가 없다. 최근 유로화가 연일 강세를 보이고 있지만 달러를 대체할 정도는 아니다. 따라서 아시아는 미국의 채권을 사주면서까지 자국 통화의 약세를 유도하고 미국에 소비를 요구하는 것이다. 이같이 불평등한 국제 분업체계의 핵심이 바로 '소비'다. 아시아가 아무리 많은 재화를 생산해도 이를 소비해 줄 곳이 없으면 무용지물이다. 과잉생산으로 경제발전은커녕 디플레이션(물가하락)의 늪에 빠질 것이다. 중국에서 생산한 것을 미국에서 소비해 주어야 중국의 경제가 돌아간다.

현재 중국의 GDP에서 수출이 차지하는 비중은 40%, 소비는 20% 내외다. 미국은 소비가 전체 GDP의 70% 정도를 차지한다. 중국이 더 발전해 국민들의 구매력이 높아져 소비를 많이 하고, 소비가 GDP에서 차지하는 비중이 50%를 넘어서면 중국이 생산한 물품을 미국에 수출하지 않아도 된다. 그렇다면 중국은 위안화를 저평가할 필요가 없고 더 이상 미국의 채권을 사줄 이유가 없다. 결국 달러는 붕괴한다. 달러의 붕괴는 미국의 붕괴를 의미한다. 세계는 달러 중심에서 위안화 중심의 경제로 재편된다. 즉 '팍스 아메리카나(Pax Americana)'의 시대가 가고 '팍스 시니카(Pax Sinica)'의 시대가 열리는 것이다.

중국은 지금 미국에 맞서지 않고 있지만 경제력이 더 축적되면 미국에 당당히 맞설 것이다. 이는 덩샤오핑의 유훈을 뒤집는 것이다. 중국은 이미 덩샤오핑의 선부론을 폐기했다. 이제 남은 것은 '힘을 비축할 때까지 미국에 맞서지 말라'이다. 중국이 이 같은 덩샤오핑의 유훈을 폐기할 때 비로소 세기의 영웅, 덩샤오핑의 시대가 끝날 것이다.

인간 덩샤오핑

마오와 덩은 전혀 다른 캐릭터를 갖고 있다. 마오는 마오이
즘을 창안한 사상가이자 혁명가이며, 군사 전략가였다. 또 당
대 최고의 서예가였으며, 일부에서 중국역사상 10대 명시인으
로 꼽을 정도로 유명한 시인이었다. 그의 대표작인 '장정長征'
은 혁명에 대한 열정과 비장감, 그리고 웅혼한 기상이 잘 표현
된 절창으로 꼽힌다. 마오는 전형적인 다빈치적 인간이었다.
그러나 덩은 정치의 달인이었지만 천재형 인간은 아니었다.
마오가 영웅의 풍모를 지닌데 비해 덩샤오핑은 서민적인 풍모
가 강했다.

가정적으로도 두 사람은 뚜렷한 대비를 이룬다. 마오는 신
중국 건설이라는 위대한 업적을 남겼지만 가정적으로 매우

불행했다. 모두 여섯 번 결혼했고, 큰아들을 잃었다. 마오의 큰아들 마오안잉(毛安英)은 한국전에 참전했다가 사망했다. 마오는 공산혁명 과정에서 그의 처와 자식을 비롯해 모두 일곱 명의 직계가족을 잃었다. 그의 마지막 부인 장칭은 측천무후 또는 서태후를 꿈꾸었기 때문에 병상에 든 마오가 빨리 죽기를 바랄 정도였다. 마오도 그의 평생 가장 큰 실수가 장칭을 부인으로 얻은 것이라고 말할 정도로 그녀를 신뢰하지 않았다. 그가 죽을 때 병상을 지킨 사람은 간호사들뿐이었다. 한때 천하를 호령하던 영웅의 마지막 치고는 쓸쓸함을 넘어 비참하기까지 했다.

이에 비해 덩샤오핑은 개인적으로 아주 행복한 가정을 일구었다. 그는 결혼에 두 번 실패한 뒤 현재의 부인인 줘린(卓林)을 만났다. 줘린은 윈난(雲南) 지방 지주의 딸로 태어나 어려서부터 넉넉한 환경에서 자랐고, 베이징 대학에서 공부하며 혁명을 동경하는 지식여성이었다. 덩은 소련 유학 시절 두 살 연하인 장시위안(張錫瑗)을 만나 귀국 후 결혼했다. 그러나 그녀는 아이를 낳다가 산욕열로 숨졌다. 아이도 금방 죽었다. 둘째 부인에게서는 수감생활 중 이혼장을 받았다.

두 번의 실패 끝에 덩은 줘린과 1939년 만나 60여년을 해로했다. 둘 사이에 2남 3녀를 두었다. 덩에게 가정적으로 불행했던 일은 첫사랑 장시위안의 사망과 큰아들 덩푸팡(鄧朴方)이 반신불수가 된 것 이외에는 없을 게다.

마오는 자신을 진시황에 비견하기를 좋아했고, 실제 진시황에 필적할 만한 능력과 업적이 있다. 그러나 덩샤오핑은 자신을 '인민의 아들'이라고 칭했다. 마오가 영웅의 기질이 다분한 데 비해 덩은 '위대한 보통사람'이라고 할 수 있다.

덩샤오핑은 기본적으로 검소하고 질박한 사람이다. 절대권력을 쥐었음에도 여자, 돈, 음식 등을 탐하지 않았다. 마오가 여성편력으로 유명한 데 비해 덩은 쥐린 이외의 다른 여자를 품지 않았다.

자상한 아버지

그는 2남 3녀의 자녀를 낳았고, 이들은 또 10여 명의 자식을 낳았다. 덩의 가족들은 4대가 한 집에서 살았다. 사대동당四代同堂한 셈이다. 사대동당은 4대가 한 집에 산다는 사자성어로 가정의 행복을 맘껏 누린다는 뜻이다. 덩은 죽을 때까지 불과 5살 연상인 계모를 모셨고, 아들, 딸, 손자, 손녀들과 함께 살았다. 그래서 많을 때 약 20여 명이 한 집에서 살았다. 그는 대부분 손자 손녀를 직접 키울 정도로 어린아이를 좋아했다. 그가 은퇴할 때 낸 성명을 보면 그가 얼마나 가정적인 사람인지를 알 수 있다. 그는 1989년 11월 공산당 중앙군사위 주석직도 내놓고 모든 공직에서 은퇴할 때, 이렇게 말했다.

"내가 바라는 것은 우리나라를 위해 당연히 해야 할 일을 다 한 뒤 일반인이 되어 집에서 가정의 즐거움을 만끽하

는 천륜지복을 누리는 것이다. 당 중앙이 나의 은퇴를 허락
해 주기 바란다."

덩샤오핑은 행복한 가정생활을 누렸지만 문화혁명 때 하반
신 불수가 된 큰 아들 덩푸팡은 마음의 상처였다. 덩푸팡은 문
화혁명 때, 베이징대학의 홍위병들에게 집단 구타를 당하며
아버지를 반동으로 고발할 것을 강요당했다. 덩푸팡은 너무
고통스러운 나머지 건물에서 투신을 했고, 결국 평생 하반신
을 못 쓰는 불구가 됐다. 당시 덩샤오핑 또한 장시지방으로 하
방을 당한 상태였다. 덩푸팡은 몸을 크게 다쳤지만 돌보아줄
사람이 없자 부모님이 유배생활을 하고 있는 장시로 갔다. 덩
은 자신의 아들을 매일 직접 씻기고 척추마사지를 해주었다.
덩푸팡은 훗날 "정치만 알고 있을 것 같았던 아버지에게 이렇
게 자상한 면이 있는 줄 예전에는 미처 몰랐다"고 회고했다.
　그는 특히 어린아이를 좋아했다. 장시에서 하방을 당하고
있을 때도 손자를 직접 키웠다. 장시성은 습기가 많아 기저귀
가 잘 마르지 않았다. 물자가 귀한 시절이었기 때문에 기저귀
도 충분치 않았다. 따라서 기저귀를 말리는 것이 가장 큰 일이
었다. 그는 숯불에 손자의 기저귀를 손수 말려가며 손자를 키
웠다. 한때 중국 대륙을 호령하던 영웅호걸이 손자의 기저귀
를 직접 숯불에 말리는 광경을 상상해보면 그가 얼마나 가정
적이고 자상한 사람인지를 미루어 짐작할 수 있다.
　덩의 손자 손녀들은 대부분 할아버지 책상이 그들의 아지

트였다고 회고한다. 덩샤오핑의 베이징 집무실에는 엄청나게 큰 책상이 있었다. 손자 손녀들은 이 책상 밑에 들어가 놀곤 했다. 할머니가 할아버지가 일을 하시니 조용히 하라고 하면 덩은 "일에 집중하면 아무 소리도 안 들리니 그만 두구려"라고 말했다고 한다. 그는 "아이들의 노는 소리는 천상의 소리"라고 말할 정도로 어린이를 좋아했다.

그의 부인 쥐린은 덩은 말수가 적었지만 말을 할 때는 쉽고 명쾌했으며, 유머 감각도 상당했다고 회고했다. 쥐린은 "남편이 말수가 적어 사람들에게 차갑다는 인상을 주었으나 속은 따뜻한 보온병 같은 사람이었다"고 덩의 성격을 묘사했다.

장수 비법

덩은 93세까지 장수했다. 그가 장수를 누린 데는 세 가지 비법이 있다. 첫째는 산책, 둘째는 체조, 셋째는 수영이다. 그는 비가 오건 눈이 오건 바람이 불건 날마다 산책을 했다. 1989년 공직에서 은퇴한 뒤로는 스스로 체조를 개발해 매일 했다. 산책 후 체조를 하는 것이 생활화돼 있었다.

특히 그는 수영을 좋아했는데, 절대 수영장에 가지 않고 바다에서만 수영을 했다. 그는 "바다에서 수영하는 것은 기세氣勢가 있다"고 했다. 매년 여름 그는 해변에 가서 수영을 했으며, 88세인 1992년까지 계속했다. 바다에 가면 하루에 여덟 차례나 물에 들어갔다고 한다.

브리지 게임은 치매를 예방했다. 덩은 1952년 브리지 게임을 배운 이후 평생 동안 즐겼다. 게임을 할 때 그는 두뇌회전이 빠르고 계산이 정확했으며 과감한 플레이를 했다. 그는 카드 게임을 발전시킨 공로로 1993년 세계카드협회에서 영예금장증서를 받기도 했다. 덩은 은퇴 후에도 브리지 게임을 즐겼는데, 자주 이렇게 말했다고 한다. "카드 게임을 할 수 있으면 내 머리가 아직 쓸 만하다는 것이고 수영을 할 수 있으면 내 몸이 아직 건강하다는 증거야."

수불석권

과묵한 덩은 많은 시간을 독서와 사색으로 보냈다. 산책을 하면서 국가에 대해 생각했고, 또 치국방략을 세우기 위해 수불석권手不釋卷(손에서 책을 놓지 않음)했다.

그의 애독서는 역대 제왕의 필독서였던 사마광의 자치통감資治通鑑이었다. 자치통감은 북송의 사마광이 쓴 방대한 편년체(연대에 따라 편찬한) 역사서로 역대 왕의 통치술이 담겨 있는 책이다. 중국의 역대 황제는 자치통감을 항상 곁에 두고 현실 정치에 활용했다. 공산 중국의 황제 마오쩌둥도 자치통감을 즐겨 읽었다. 마오는 자치통감을 열일곱 번이나 읽었다고 한다. 마오는 역작인 '자치통감 평석評釋'을 쓰기도 했다. 마오는 혁명을 성공시키고 베이징에 입성할 때 단 한 가지만 가져왔다고 한다. 그것은 마르크스-레닌의 교리를 담은 저작이 아닌 사마광의 자치통감이었다. 그는 말년에 침대머리에 늘 자치통감을 놓아두었으며, 너무 많이 읽어 책이 너덜너덜해졌다고 한다. 공산 중국의 또 다른 황제인 덩 또한 마오와 마찬가지로 틈만 나면 자치통감을 읽으며 나라를 통치하는 아이디어를 구했다. 덩은 자치통감뿐만 아니라 24사史를 손에서 놓지 않았다.

그리고 덩은 사전과 지도에도 일가견이 있었다. 그는 "사전은 인류 정신문화의 보고"라며 가까이에 두었고, "사전을 보고 있으면 시간이 가는 줄을 모른다"고 말하곤 했다. 그는 재임 시 중국의 역사 문화를 총망라한 '중국대백과전서'를 간행케 할 정도로 사전 마니아였다. 덩은 그 공로로 기네스협회에서 상을 받기도 했다. 지도를 보는 습관은 젊은 시절 대장정, 국공내전 등을 거치며 체화한 것으로 자식들과 여행을 할 때도 반드시 지도를 준비해 자식들에게 현재 위치가 어딘지를 숙지하도록 했다고 한다.

재산은 무일푼

그는 생전에 자식들에게 "나는 일평생 재산을 모으지 않았다. 내가 죽은 후에 너희들은 자신의 능력에 의지해 살아야 한다. 내가 가진 것은 100만 위안(1억2000만 원)의 저작권료뿐이다. 덩샤오핑 문선 세 권을 발행한 전체 저작권료가 100만 위안인데, 전액을 교육 사업에 기부하겠다"고 말했다.

그는 또 사후에 자신의 기념관을 세우지 말고 동상을 만드는 것도 금지했다. 그 대신 나무를 많이 심으라고 했다. 죽은 사람이 산 사람의 자리를 차지하는 것은 난센스라며 나무를 많이 심을 것을 특히 강조했다. 실제로 마오쩌둥의 동상은 중국 전역에 있지만 덩의 동상은 그의 고향 쓰촨성 광안현 이외에는 거의 볼 수 없다.

또 그는 각막과 장기를 기증하고, 유체는 중국 최고의 병원인 301병원에 해부 연구용으로 내놓았다. 그는 유언에 따라 화장됐고, 유골은 바다에 뿌려졌다. 일세를 풍미한 영웅치고는 소박하기 그지없는 마지막이었다.

덩샤오핑 ^{연보}

1904년 쓰촨성 광안현 파이방촌 출생.

1920년 근공검학으로 프랑스 유학.

1926년 구소련 중산대학 수학.

1927년 귀국.

1929년 중국 홍군 제7군 창설, 7군 정치위원.

1933년 중국 공산당 장시성 위원회 선전부장 재직 중 마오쩌둥 노선을 지지했다는 이유로 직무정지. 첫 번째 실각.

1934년 대장정 참여.

1935년 준의에서 개최된 회의에서 마오쩌둥 편에 섬.

1938년 팔로군 129사단 정치위원.

1945년 중국 공산당 제7차 전국대표대회에서 중앙위원에 당선.

1952년 정무원 부총리.

1955년 중국 공산당 제7기 중앙위원회 제5차 전체회의서 중앙 정치국원으로 선출됨.

1956년 중국 공산당 제8기 중앙위원회 제1차 전체회의에서 정치국 상무위원 및 중앙위원회 총서기 낭선.

1966년 문화혁명 발발, 주자파로 몰려 두 번째 실각.

1973년 중국 공산당 중앙위원회가 '덩샤오핑 동지의 당조직 생활과 국무원 부총리 직무 회복에 관하여'라는 문건을 채택해 직무 회복.

1975년 중국 공산당 중앙위원회 부주석, 국무원 부총리, 중앙군사위원회 부주석, 인민해방군 총참모장에 취임해 당과 국가 및 군대의 일상 업무를 주관함.

1976년 사인방의 공격으로 일체의 직무에서 해직됨. 세 번째 실각.

1977년 중국 공산당 제10기 중앙위원회 제3차 전체회의에서 덩샤오핑 원래의 당-정-군 영도 직무회복을 결의.

1978년 중국인민정치협상회의 제5차 전국위원회 주석으로 선출돼 모든 권력을 장악함.

1981년 중국 공산당 제11기 중앙위원회 제6차 전체회의에서 공산당 중앙군사위원회 주석으로 선출됨.

1984년 선전 등 특구를 방문하고 개혁개방을 역설.

1989년 천안문 사태의 책임을 지고 모든 공직에서 사퇴.

1992년 선전 등을 순회하고 다시 한 번 개혁개방을 촉구하는 남순강화 발표.

1997년 베이징에서 향년 93세로 서거.

참고문헌

가마무라 고지, 『중국권력핵심』, 청어람미디어, 2002.

김영화, 『등소평 리더십과 중국의 미래』, 문원출판, 1997.

등용, 『나의 아버지 등소평』, 삼문, 1993

런즈추·윈쓰융, 『대륙을 질주하는 검은말 후진타오』, 들녘, 2004.

벤저민 양, 『덩샤오핑 평전』, 황금가지, 2004.

양은록, 『붉은 여황 江靑』, 화서당, 2003.

에드가 스노우, 『중국의 붉은별』, 두레, 1995.

정재호, 『중국 개혁개방의 정치경제 1980~2000년』, 까치글방, 2002.

주젠룽, 『주룽지 새로운 중국, 그 선택과 결단』, 생각의 나무, 1999.

중국 인민해방군 문예출판사 편, 『모택동 자서전』, 다락원, 2002.

중국중앙문헌연구실 편, 『백년소평』, 사이더스, 2005.

진준밍·시쉬엔, 『문화대혁명사』, 나무와 숲, 2000.

해리슨 솔즈베리, 『대장정 : 작은거인 등소평』, 범우사, 1999.

해리슨 솔즈베리, 『새로운 황제들』, 다섯수레, 2000.

덩샤오핑 개혁개방의 총설계사

펴낸날	초판 1쇄 2007년 9월 1일
	초판 3쇄 2013년 10월 31일

지은이	**박형기**
펴낸이	**심만수**
펴낸곳	**(주)살림출판사**
출판등록	**1989년 11월 1일 제9-210호**

주소	**경기도 파주시 문발동 522-1**
전화	**031-955-1350** 팩스 **031-624-1356**
기획 · 편집	**031-955-4662**
홈페이지	**http://www.sallimbooks.com**
이메일	**book@sallimbooks.com**

ISBN	978-89-522-0701-2 04080

089 커피 이야기

eBook

김성윤(조선일보 기자)

커피는 일상을 영위하는 데 꼭 필요한 현대인의 생필품이 되어 버렸다. 중독성 있는 향, 마실수록 감미로운 쓴맛, 각성효과, 마음의 평화까지 제공하는 커피. 이 책에서 저자는 커피의 발견에 얽힌 이야기를 통해 그 기원을 설명한다. 커피의 문화사뿐만 아니라 커피에 대한 일반적인 정보 및 오해에 대해서도 쉽고 재미있게 소개한다.

021 색채의 상징, 색채의 심리

박영수(테마역사문화연구원 원장)

색채의 상징을 과학적으로 설명한 책. 색채의 이면에 숨어 있는 과학적 원리를 깨우쳐 주고 색채가 인간의 심리에 어떤 작용을 하는지를 여러 가지 분야의 사례를 통해 설명한다. 저자는 색에는 나름대로의 독특한 상징이 숨어 있으며, 성격에 따라 선호하는 색채도 다르다고 말한다.

001 미국의 좌파와 우파

eBook

이주영(건국대 사학과 명예교수)

진보와 보수 세력의 변천사를 통해 미국의 정치와 사회 그리고 문화가 어떻게 형성되고 변해왔는지를 추적한 책. 건국 초기의 자유방임주의가 경제위기의 상황에서 진보-좌파 세력의 득세로 이어진 과정, 민주당과 공화당의 대립과 갈등, '제2의 미국혁명'으로 일컬어지는 극우파의 성장 배경 등이 자연스럽게 서술된다.

002 미국의 정체성 10가지 코드로 미국을 말하다

eBook

김형인(한국외대 연구교수)

개인주의, 자유의 예찬, 평등주의, 법치주의, 다문화주의, 청교도 정신, 개척 정신, 실용주의, 과학·기술에 대한 신뢰, 미래지향성과 직설적 표현 등 10가지 코드를 통해 미국인의 정체성과 신념을 추적한 책. 미국인의 가치관과 정신이 어떠한 과정을 통해서 형성되고 변천되어 왔는지를 보여 준다.

058 중국의 문화코드

강진석(한국외대 연구교수)

중국의 핵심적인 문화코드를 통해 중국인의 과거와 현재, 문명의 형성 배경과 다양한 문화 양상을 조명한 책. 이 책은 중국인의 대표적인 기질이 어떠한 역사적 맥락에서 형성되었는지 주목한다. 또한, 구체적이고 실제적인 여러 사물과 사례를 중심으로 중국인의 사유방식에 대해 설명해 주고 있다.

057 중국의 정체성　eBook

강준영(한국외대 중국어과 교수)

중국, 중국인을 우리는 과연 어떻게 이해해야 하나? 우리 겨레의 역사와 직·간접적으로 끊임없이 영향을 주고받은 중국, 그러면서도 아직까지 그들의 속내를 자신 있게 말할 수 없는, 한편으로는 신비스럽고, 한편으로는 종잡을 수 없는 중국인에 대한 정체성을 명쾌하게 정리한 책.

015 오리엔탈리즘의 역사　eBook

정진농(부산대 영문과 교수)

동양인에 대한 서양인의 오만한 사고와 의식에 준엄한 항의를 했던 에드워드 사이드의 오리엔탈리즘. 이 책은 에드워드 사이드의 이론 해설에 머무르지 않고 진정한 오리엔탈리즘의 출발점과 그 과정, 그리고 현재와 미래의 조망까지 아우른다. 또한 오리엔탈리즘이 사이드가 발굴해 낸 새로운 개념이 결코 아님을 역설한다.

186 일본의 정체성　eBook

김필동(세명대 일어일문학과 교수)

일본인의 의식세계와 오늘의 일본을 만든 정신과 문화 등을 소개한 책. 일본인을 지배하는 이데올로기는 무엇이고 어떤 특징을 가지는지, 일본을 주목해야 하는 이유는 무엇인지 등이 서술된다. 일본인 행동양식의 특징과 토착적인 사상, 일본사회의 문화적 전통의 실체에 대한 분석을 통해 일본의 정체성을 체계적으로 살펴보고 있다.

261 노블레스 오블리주 세상을 비추는 기부의 역사

예종석(한양대 경영학과 교수)

프랑스어로 '높은 사회적 신분에 상응하는 도덕적 의무'를 뜻하는 노블레스 오블리주. 고대 그리스부터 현대까지 이어지고 있는 노블레스 오블리주의 역사 및 미국과 우리나라의 기부 문화를 살펴보고, 새로운 시대정신으로 노블레스 오블리주를 부활시킬 수 있는 가능성을 모색해 본다.

396 치명적인 금융위기, 왜 유독 대한민국인가 `eBook`

오정규(한국경제신문 논설위원)

이 책은 전 세계적인 금융 리스크의 증가 현상을 살펴보는 동시에 유달리 위기에 취약한 대한민국 경제의 문제를 진단한다. 금융안전망 구축 방안과 같은 실용적인 경제정책에서부터 개개인이 기억해야 할 대비법까지 제시해 주는 이 책을 통해 현대사회의 뉴노멀이 되어 버린 금융위기에서 살아남는 방법을 확인해 보자.

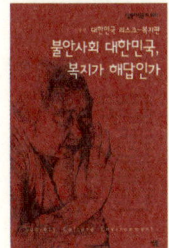

400 불안사회 대한민국, 복지가 해답인가 `eBook`

신광영 (중앙대 사회학과 교수)

대한민국 사회의 미래를 위해서 복지는 선택이 아니라 필수라고 말하는 책. 이를 위해 경제 위기, 사회해체, 저출산 고령화, 공동체 붕괴 등 불안사회 대한민국이 안고 있는 수많은 리스크를 진단한다. 저자는 사회적 위험에 대응하기 위한 복지 제도야말로 국민 모두의 삶의 질을 높일 수 있는 길이라는 것을 역설한다.

380 기후변화 이야기 `eBook`

이유진(녹색연합 기후에너지 정책위원)

이 책은 기후변화라는 위기의 시대를 살면서 우리가 알아야 할 기본지식을 소개한다. 저자는 기후변화와 관련된 핵심 쟁점들을 모두 정리하는 동시에 우리가 행동해야 할 실천적인 대안을 제시한다. 이를 통해 독자들은 기후변화 시대를 사는 우리가 무엇을 해야 할 것인지에 대하여 생각해 볼 수 있을 것이다.

eBook 표시가 되어있는 도서는 전자책으로 구매가 가능합니다.

(주)살림출판사
www.sallimbooks.com
주소 경기도 파주시 문발동 522-1 | 전화 031-955-1350 | 팩스 031-955-1355